멘탈
퍼팅

The Mental Art of Putting: Using Your Mind to Putt Your Best

Copyright © 2023 by Patrick J. Cohn, Robert K. Winters
All rights reserved.
Korean Translation Copyright © 2024 by Gayeon Publishing
Korean edition is published by arrangement with Rowman & Littlefield
Publishing Group, Inc. through BC Agency, Seoul.

이 책의 한국어판 저작권은 BC에이전시를 통해 저작권자와 독점계약한
가연출판사에 있습니다.
저작권법에 의해 한국 내에서 보호를 받는 저작물이므로 무단전재와 복제를 금합니다.

마음을 강화시키는 퍼팅 기술의 모든 것

멘탈 퍼팅

패트릭 콘, 로버트 윈터스 지음
이정도 옮김

가연

추천사

퍼팅은 그 자체로 하나의 게임으로 여기기도 합니다. 퍼팅은 골프 시합의 여러 과정 중 가장 즐겁고도 가장 비참한 순간입니다. 아무리 좋은 점수를 내고 싶어도 퍼팅이 마음대로 들어가지 않으면 자괴감과 좌절감을 느끼게 됩니다. 홀 근처는커녕 제맘대로 굴러가는 볼을 바라보면서 "퍼트도 안 되는데 왜 굳이 공을 홀 가까이 붙이려고 애를 써야 하지?"라며 스스로에게 원망 섞인 불평을 합니다. 이제 막 시작하는 초보자는 물론 저처럼 골프를 직업으로 삼는 전문가들도 마찬가지입니다. 아깝게 놓친 버디나 'OK' 거리의 퍼트를 놓치는 것보다 더 허탈하고 아까운 것은 없지요.

아이러니하게도, 골프는 열심히 노력할수록 결과가 더 나빠집니다. 우리는 그럴수록 더 열심히 연습하고, 퍼터를 새것으로 바꿔보기도 하고, 훌륭한 프로나 강사의 지도를 받아보기도 하고, 다양한 퍼팅 관련 책들도 읽습니다. 하지만 수많은 노력에도 불구하고 이전보다 나아지는 건 별로 없습니다. 이러한 노력은 어느새 '정답'을 찾기 위한 절망적인 절규로 바뀌어버립니다. 어디서부터 잘못되었을까요? 이제부터 우리는 '퍼팅에 대한 생각과 개념'을 완전히 새롭게 바꿔야 합니다. 이는 이 책의 목표이기도 하지요.

이 책의 저자 로버트 윈터스와 패트릭 콘은 이러한 사실을 일찍부터 깨닫고 수년 동안 초보자부터 아마추어와 프로에 이르기까지 모든 수준의 선수들과 함께 일하며 연구해 왔습니다. 수년간 선수들과 함께 일하고 골프를 연구한 끝에 이 책이 탄생했습니다. 저는 골프계에 독특하고 단순하면서도 매혹적인 책을 선보이게 되었다고 장담합니다. 이 책에서 제공하는 정보는 오늘날 시중에 나와 있는 어떤 이론적이거나 역학적인 골프 서적보다 훨씬 뛰어납니다. 모든 정보가 명확하고 이해하기 아주 쉬운 게 최대 장점이죠.

선수 시절, 저는 《프로처럼 퍼팅하라》의 저자 데이브 펠츠와 함께 일하는 영광을 누렸습니다. 데이브는 제가 퍼팅에 좌절할 때 친구이자 든든한 지원군이 되어주었습니다. 데이브는 저를 PGA 투어에서 활약한 최고의 볼 스트라이커 중 한 명으로 평가하기도 했지만, 데이브와 저의 인연은 그렇게 마무리되었습니다. 그 당시 우리는 퍼팅에 필요한 심리학적인 부분과 시각적 이미지 쪽에 집중하기보다, 기술적인 부분과 결과만을 지나치게 강조했다는 걸 이제야 깨달았죠.

저는 밥 윈터스와 20년 넘게 알고 지냈습니다. 투어 선수로서 저는 새로운 아이디어나 치료법을 가진 사람들을 수없이 만났습니다. 투어 프로들은 일반적으로 '외부인'의 조언에 배타적인 편이지만, 밥은 다른 접근 방식을 가지고 있었기에 제가 여러 어려움을 극복하는 데 큰 도움이 되었습니다. 1970년대 중반부터 함께하는 동안 저는 그를 통해 퍼팅과 골프에 대한 고급 정보를 습득했고, 그 과정에서 그의 진심과 열의를 느낄 수 있었습니다. 밥은 그의 친구이자 이 책의 공동 저자인 패트릭 콘 박사와 함께 많은 이들에게 퍼팅 능력을 최대한 끌어올릴 수 있도록 실용적이고 명료한 방법을 제시해주고 있습니다.

이 책 《멘탈 퍼팅》 덕분에 퍼팅에 대한 제 태도가 달라졌습니다. 테크닉 위주의 퍼팅에서 벗어나 심리학 이론과 시각적 요소를 활용함으로써 최고의 퍼팅이 가능한 플레이어로 도약할 수 있었습니다. 뿐만 아니라 이 책은 제 개인적인 삶에도 변화를 가져다 주었습니다. 저는 이제 실패와 불만족스러운 결과에 집착하기보다 성공을 대하는 태도, 그리고 성공을 이해해나가는 과정에 집중하게 되었습니다. 이 책이 제시하고 있는 퍼팅의 정신적인 기술은 여러분이 퍼팅 태도를 바꾸고 더 나은 사고방식을 '선택'하는 데 도움이 될 것입니다. 이 책을 펼친 당신도 태도와 마음가짐을 바꾸면 더 보람찬 게임을 즐길 수 있을 거라고 확신합니다.

- 앨런 밀러
베테랑 PGA 투어 회원이자 PGA 투어 우승자

머리말

많은 사람들이 퍼팅을 '게임 속의 게임'이라고 말합니다. 또 다른 이들은 퍼팅을 '인간의 인내심을 단련시키는 운동', '마법', '불가사의한 과학'이라고 부르기도 하지요. '위대한 퍼팅'은 과학, 물리학, 심리학은 물론 운과 인간의 천재성이 결합된 결과로 탄생합니다. 퍼팅은 그 본연의 특성으로 인해 골프를 치거나 가르치는 모든 사람의 감정을 자극합니다. 골퍼들은 퍼팅을 좋아하거나, 전혀 좋아하지 않습니다. 이 둘 사이에 존재하는 애매한 호불호는 거의 없습니다.

수년 전, 전설적인 벤 호건이 한 말이 있습니다. "퍼팅은 골프가 아니다. 진정한 골프는 우드와 아이언으로 하는 것이지 퍼터로 하는 게 아니다"라고 말이죠. 이렇게 퍼팅이 완전히 다른 게임이라고 생각하는 사람들이 꽤 많습니다. 공이 공중에 뜨지 않는다는 이유로 말이지요.

퍼팅을 좋아하든 싫어하든, 최선을 다해 플레이하고 좋은 스코어를 내고 싶다면 퍼팅에 최선을 다해야 한다는 것은 변하지 않는 사실입니다. 퍼팅을 회피하거나 다른 사람에게 퍼팅을 대신하게 할 수는 없으니까요. 따라서 여러분은 퍼팅을 사랑하거나 퍼팅을 사랑하는 방법을 배워야 합니다. 우리의 임무는 당신이 훌륭한 퍼터가 될 수 있도록 돕는 것입니다.

대부분의 사람이 퍼팅을 '일부는 예술, 일부는 과학, 일부는 기술'이라고 생각하지만, 퍼팅은 '인간의 성향에 따른 행위'로 볼 수 있습니다. '어떻게 생각하고, 행동하고, 느끼는지'가 최고의 퍼팅을 위해 마음을 사용하는 핵심 요소입니다. 18홀, 1m 내리막 퍼팅을 어떻게 처리하는지에 따라 챔피언십 우승 여부가 달라집니다. 이 과정에서 자신과 주변 사람들 모두 배움의 기회를 갖게 되지요.

우리 저자들은 퍼팅이야말로 골프에서 가장 핵심적인 요소라는 사실을 믿어 의심치 않습니다. 그리고 골퍼들은 바로 이 퍼팅이 이루어지는 그린 위에서 가장 큰 어려움이자 눈에 보이지 않는 '내면의 싸움'에 직면하게 됩니다.

퍼팅은 심리적, 정서적, 신체적 조건이 복합적으로 요구되는 종목입니다. 참으로 독특한 운동이라고 할 수 있지요. 퍼팅을 잘하려면 여러 가지를 잘해야 하지만 가장 중요한 것은 실제 그린 위에서 최선을 다해야 한다는 점입니다. 최선을 다하기 위해서 제일 중요한 요소는 '마음'입니다. 우리는 이 책을 읽는 독자들이 마음속 내면의 싸움에서 승리하여 골프라는 게임에서도 승리할 수 있도록 돕고자 합니다. 프로든 아마추어든 훌륭한 퍼팅을 할 수 있어야 토너먼트에서 승리할 수 있기 때문이죠. 다시 한번 강조하자면, 훌륭한 퍼팅은 '마음'에서 시작됩니다.

퍼팅이라는 육체적 작업은 단순해 보이지만 모든 플레이어는 퍼팅이 그 이상이라는 걸 알고 있습니다. 퍼팅의 물리적 측면과 선수의 성격, 정신력, 개인적인 경험이 결합되어 실행되기 때문에 보기만큼 쉽지 않습니다. 그럼에도 구경하는 사람의 눈에는 단순해 보입니다. 플레이어는 손잡이가 있고 끝에 네모난 모서리가 달린 금속 막대기인 퍼터라는 도구를 사용합니다. 골퍼는 퍼터를 앞뒤로 휘두르며 둥근 공을 지면에 있는 홀 쪽으로 밀어 넣습니다. 간단해 보이나요? 하지만 인간적인 요소를 도입하면 퍼팅은 정서적 안정과 인내심을 시험하는 게임으로 변합니다.

특히 골퍼들이 그린의 브레이크를 너무 많이 보고, 스트로크 자세를 갑자기 수정하고 완벽하게 실행하려고 너무 애쓰고, 퍼팅이라는 단순한 작업을 인생보다 더 큰일로 여길 때 퍼팅은 골퍼들에게 진정한 도전이 됩니다. 이 도전은 이 단순한 작업에 새로운 빛을 가져다줍니다.

4.5m에서 3퍼팅을 한 후 선수들은 혼란스럽고 무슨 일이 벌어진 것인지 의아해합니다. 그들은 낙담하고 좌절하며 자존심이 상

한 채 그린에서 내려옵니다. 이 문제를 해결하지 못하면 플레이어는 '퍼팅 블루스(퍼팅 울렁증)'를 습관적으로 당연하게 받아들이게 됩니다. 퍼팅에 대한 고민은 아무리 뛰어난 선수라도 퍼팅을 포기하거나 탈진하게 만들고, 퍼팅의 '비결'을 필사적으로 찾게 만듭니다.

과연 훌륭한 퍼팅의 비결은 무엇일까요? 스트로크 기술이나 완벽한 스트로크 경로에 대한 지침서에서 그 해답을 찾을 수는 없습니다. 신체적 기술은 훌륭한 퍼팅의 일부이지만 가장 중요한 부분은 아닙니다. 요가 명상 매뉴얼이나 이완 운동에 관한 지침서에서도 해답을 찾을 수 없습니다.

필자는 그동안의 연구를 통해 퍼팅의 비결에는 단 하나의 진실이 있다는 것을 발견했습니다. 그 답은 당신을 놀라게 할지도 모릅니다. 그것은 바로 '당신'입니다. 정확히 말하자면 골프 코스에서 생각하고, 느끼고, 행동하는 당신의 태도입니다. '마음을 효과적으로 사용하는 것'이 바로 비결인 것입니다.

가까스로 '감'을 찾았지만 '감'을 붙잡지 못한 경험이 있다면 무슨 말인지 이해할 것입니다. 누구나 한 번쯤은 멋진 퍼팅을 해본 적이 있을 테니까요.

주변에는 아무도 없던 어느 여름날, 당신은 그 비결을 찾았지만 찰나에 불과했을 겁니다. 저희가 그 비밀을 되찾을 수 있도록 도와줄 수 있지만, 그 비밀을 찾아내고 붙잡는 것은 오로지 당신 손에 달려 있습니다.

이 책은 단순한 기술 설명서나 골프 심리학에 관한 책이 아닙니다. 이 책은 훌륭한 퍼팅의 철학, 좋은 사고 습관, 상식, 긍정적인 감정에 관한 책입니다. 이 책에 담긴 지침은 세계적인 선수부터 핸디캡이 높은 아마추어 골퍼에 이르기까지 모든 수준의 골퍼들과 함께 작업하면서 얻은 경험에서 나온 것입니다. 투어 프로들과 함께 작업할 때 사용하는 것과 동일한 전략을 소개합니다. 이 책은 또한 스포츠 심리학 이론, 우리의 연습 과정, 위대한 퍼터들의 철학과 상식을 함께 수록함으로써 당신이 게임에 대해 더 나은 사고방식을 가질 수 있도록 도움을 줄 것입니다.

이 책은 처음부터 끝까지 순서대로 읽어도 좋지만, 어느 장이든 먼저 읽어도 무방합니다. 부디 순서대로 읽어도 책을 펼쳐 들 때마다, 한 문장씩 읽을 때마다 새로운 영감을 얻게 되기를 바랍니다. 우리의 목표는 바로 사용할 수 있는 실용적이고 유용한 정보를 전해드리는 것입니다! 우리는 심리학으로 풀어낸 완벽한 퍼팅의 조건을 간단하고 즐겁게 읽을 수 있도록 최대한 노력했습니다. 이 글을 읽고 완벽한 퍼팅을 위한 새로운 철학과 심리학에 대해 알아보세요!

— 패트릭 콘, Ph. D. & 로버트 윈터스, Ph. D.

차례

추천사 4
머리말 7
들어가며 19

1부 워밍업

1장 과연 나는 수비형일까? 공격형일까?　29
자신의 퍼팅 스타일을 분명하게 정하라!

퍼팅 스타일 2가지 이해하기/당신은 수비형인가? 공격형인가?/그린의 속도가 빠를 때와 느릴 때/퍼팅 직전, 당신의 마음 상태는?/나만의 스타일을 찾아라
　Try This 수비형 퍼팅이 편한지, 공격형 퍼팅이 편한지 체크해보는 법

2장 최고의 퍼터가 되기 위하여　38
퍼팅에 필요한 기본 조건들

스스로 훌륭한 퍼터라고 자부하는가?/자기 실력에 대한 자신감/의심병 걷어내기/자기 방법에 대한 믿음/감각을 깨우는 터치 연습/시각화로 라인을 읽는 능력 쌓기/퍼팅을 즐기게 되면/퍼팅의 순간에 최선을 다하고 있는가?/완벽하지 않음을 인정하라/퍼팅 하나하나에 최대한 집중하면서 연습하라
　*마인드셋 전략 완벽한 퍼팅에 성공한 자신을 상상하라!
　Try This 퍼팅에 관한 모든 경험을 종이에 적어보기

3장 마인드세팅의 첫걸음, 태도   53
"I CAN DO EVERYTHING!"

긍정적 마음가짐 선택하기/부정적인 마음은 재능도 갉아먹는다/올바른 선택이란?/골든 애티튜드/셀프 토크; 말의 힘을 믿는다/동화 '꼬마 기관차 이야기'/무엇이든 할 수 있다
   Try This 태도를 바꾸는 방법

4장 원퍼트 마인드셋   69
자신감, 자신을 믿는 기술

자신감이 가장 중요하다/자신감과 숙련된 퍼팅은 함께 자란다/긍정적 퍼팅 사이클 이해하기/부정적 퍼팅 사이클 이해하기/그린 위에서 "감" 찾기
   Try This 자신감 강화를 위한 팁

5장 자신감 강화 훈련   83
최고의 스트로크를 위한 열쇠

자신감의 뿌리는 언제나 기본기로부터/자신감 형성① 연습/자신감 형성② 프리퍼트 루틴/자신감 형성③ 경험과 경쟁/자신감 형성④ 전념/자신감 형성⑤ 경기 전 워밍업/자신감 형성⑥ 나의 퍼터를 믿어라/퍼팅이 안 될 때, 빠르게 자신감을 회복하는 방법
*퍼팅 마인드셋 전략
   Try This 자신감 강화 아이디어 6가지

완벽한 퍼팅을 위한 실전 연습

6장 라인, 속도, 목표물   103
퍼팅을 위한 집중력

집중력 이해하기/중요한 요소들만 가려내기/퍼팅과 관련 있는 것과 없는 것/생각하지 말고 반응하라/결과보다 즉각적 실행에 집중하라/집중하기와 긴장 풀기/흐트러진 와중에 다시 집중하기/방황 속에서 당장 탈출하라/주의력을 방해하는 요소들/코스 밖에서 훈련하기 – 집중력 향상 연습/코스 안에서 집중력 향상을 위한 소중한 팁 8가지

`Try This` 방해 요소 가운데서 집중력 훈련하기

7장 이제 당신도 그린을 읽는다!   123
퍼팅 시각화와 상상력 키우기

뛰어난 퍼터와 일반 퍼터의 시력 차이/시각화와 퍼팅 루틴/그린을 정확하게 읽는 방법/다른 선수의 퍼팅을 관찰하라/퍼팅 주시안/밀리언 달러 룩/시각훈련과 전략/빅픽처; 부드러운 초점과 강한 초점을 사용하라/작은 목표물을 정하라/정확한 조준이 타율을 높인다/시선의 이동과 이미지 감쇄/단순함의 힘

`시력 개선 훈련법`

8장 30초 마인드셋   144
나에게 맞는 루틴 만들기

번거로운 프리퍼트 루틴?/프로에게 배운다/훌륭한 루틴의 6가지 핵심 요소/프리퍼트 루틴 구성 요소/라인 유지/집중력이 흐트러졌을 때 재정비하는 방법/나만의 프리퍼트 루틴 개발하기/규칙적인 프리퍼트 루틴/따라 하기 쉬운 루틴을 만들어라

`Try This` 시각화를 통해 나에게 맞는 퍼팅 스타일 찾기

3부  긍정적인 내면을 건설하기

9장 천진난만한 본성 되찾기 163
두려움 내려놓는 법

내 안의 두려움/그린 위 스트레스/골퍼에게 가장 큰 적: 실패에 대한 두려움/어리석고 무능해 보이는 것에 대한 두려움/자존심 깨뜨리기/초킹의 두려움/입스와 프리징/그린에서의 두려움 극복/첫 퍼팅을 '두 번째' 시도라고 생각하라/그린에서 현실 점검하기/스스로에게 유능한 전담 코치가 되어주기/과제에 집중하기
Try This 불안과 두려움을 극복하는 방법

10장 완벽한 퍼팅을 위한 마음 단련법 188
자신감 성장 로드맵

자신감 채우기: 항상 유지해야 할 자세/내 안의 긍정적인 코치/퍼팅 성공의 순간은 천 번의 퍼팅 연습과 같다/완벽한 퍼팅은 없다/대회를 대비한 퍼팅 훈련/퍼팅 부진에 대한 처방/당신의 목표는?
Try This 완벽한 퍼팅의 순간을 상상하라!

4부 효과적인 퍼팅 트레이닝의 비결

11장 효과 좋은 퍼팅 연습 방법 — 205
코스에 적용시켜라!

연습과 경기의 차이점/자연스러운 퍼팅/자동으로 나오는 자세를 만들어라/터치 감각과 느낌 연습하기/짧은 퍼팅으로 자신감을 향상시켜라/코스에 적용/시각 보조 도구를 활용한 연습

Try This 공 하나로 퍼팅 연습하기

12장 골든 터치 — 223
실전에서의 퍼팅 워밍업

그린에서 감각을 키우는 방법/자신감 검증하기/과하지도 모자라지도 않게/당신이 연습한 그대로/원볼, 투볼 또는 스리볼 워밍업/워밍업은 연습일 뿐이다

Try This 워밍업 루틴 개발하기

13장 퍼팅을 위한 처방전 Q&A — 232
일반적인 문제에 대한 해결책

- 연습 그린에서는 퍼팅을 잘하는데 코스에 나가면 퍼팅이 잘 안 됩니다.
- 내 라인에 스파이크 자국이 보이면 화가 납니다.
- 나만 빼고 다른 사람들이 퍼팅을 잘하면 신경이 쓰이고 퍼팅에 영향을 미칩니다.
- 파 퍼팅과 보기 퍼팅은 잘하는데 버디 퍼팅은 못 하는 이유는 무엇일까요?
- 제가 마지막으로 퍼팅을 할 때면 항상 누군가는 놓쳐야 한다는 느낌이 듭니다.

- 퍼팅이 잘될 때는 라인이 아주 선명하게 보입니다. 하지만 어떤 날은 라인이 잘 보이지 않아요.
- '입스'를 극복하려면 어떻게 해야 하나요?
- 터치감을 빨리 끌어 올리려면 어떻게 해야 하나요?
- 어떻게 하면 다른 플레이어의 영향을 받지 않을 수 있을까요?
- 어떻게 하면 매끄럽지 않은 그린에서 퍼팅을 잘할 수 있을까요?
- 제 그림자 때문에 퍼팅하기가 어렵습니다. 라인을 제대로 잡을 수 없어서 불안해요.
- 짧은 퍼트를 너무 자주 놓치는 것 같아서 고민입니다.
- 퍼팅을 준비했다가 뒤로 물러나서 다시 퍼팅을 하면 성공 확률이 적다고 들었습니다.
- 어떤 날은 어떻게 퍼팅을 해야 할지 감이 잡히지 않습니다.

14장 완벽한 퍼팅을 위한 6가지 조건 251

1. 긍정적 태도/2. 퍼팅에 대한 자신감/3. 터치와 느낌/4. 통합적 집중/5. 상상력과 비전/6. 자신의 스트로크에 대한 믿음/결론; 모든 과정을 모니터링하라!

참고문헌 **261**
옮긴이의 말 **263**
저자 소개 **266**
〈부록〉 경기 후 멘탈 체크리스트 **269**

들어가며

"퍼팅은 신체적 능력은 거의 필요하지 않고 대부분 정신적인 능력이 필요하다. 따라서 게임의 다른 어떤 부분보다 더 많은 배짱이 필요하다."

_ 커티스 스트레인지(1990), PGA 투어

퍼팅은 골프 게임 속에 들어 있는 또 하나의 게임입니다.
머리로 하는 게임입니다. 수많은 생각들 사이에서 퍼즐을 풀듯 과제를 해결해나가는 게임이죠. 그린 위, 내면과의 싸움보다 더 큰 정신적 도전은 없습니다. 최고의 퍼팅을 하려면 먼저 내면의 싸움에서 이겨야만 홀에 공을 넣는 데 집중할 수 있습니다. 퍼팅의 재미있는 점은 세계 최고의 스트로크를 가졌더라도 세계 최고의 퍼터는 될 수 없다는 겁니다. 그린을 누구보다 잘 읽을 수 있다고 해도 볼을 라인에 맞춰 스트로크하지 못하면 퍼팅에 도움이 되지 않습니다. 퍼팅 자신감이 아무리 뛰어나도 정확한 속도로 볼을 굴릴 수 있는 터치감이 없다면 아무 소용이 없지요. 훌륭한 퍼터는 모든 것을 잘합니다. 최고의 퍼팅을 하려면 그린을 잘 읽고, 퍼팅이 그린에서 어떻게 반응할지 시각화하고, 퍼팅 능력에 대한 자신감을 갖고, 자신의 스트로크와 조준을 믿어야 합니다. 그리고 자신이 좋은 퍼터이거나 좋은 퍼터가 될 수 있다는 '믿음'으로 시작해야 합니다.

　퍼팅은 기술적이거나 기계적인 것이 아니며 그렇게 해서도 안 되지만 대부분의 플레이어는 퍼팅을 기계적으로 합니다. 높은 정확도와 노력으로 공을 치는 교과서 같은 방법은 누구에게도 없습니다. 잭 니클라우스를 비롯한 대부분의 위대한 퍼터들은 입을 모아 이야기합니다. 퍼팅은 2%의 테크닉과 98%의 자신감, 그리고 '터치 감각'이라고요. 래리 마이즈는 "퍼팅을 잘하려면, 역학을 생각하는 것이 아니라 선을 골라 그 선을 따라 굴러가는 모습을 상상해야 한다"고 말했습니다. 잭 니클라우스, 낸시 로페즈, 래리 마이즈, 벤 크렌쇼, 데이브 스톡턴 같은 세계 최고의 퍼터들은 퍼팅 기술은 모두 제각각이지만 공을 홀에 넣는 방법을 기어코 찾아닙니다. 위대한 퍼터들의 퍼팅 방법 중 유일한 공통점은 모두 반복 가능하고 신뢰할 만한 스트로크를 가지고 있다는 것입니다. 퍼팅에서 중요한 점은 볼을 컵에 넣는 것이지 어떻게 넣느냐가 아닙니다.

퍼팅은 골프에서 가장 중요한 부분인데, 퍼터라는 클럽이 가장 자주 사용되는 클럽이기 때문입니다. 대부분의 대회에서 훌륭한 퍼팅이 우승에 결정적인 영향을 미칩니다. 여러분은 좋은 퍼팅 없이 경기에서 우승하는 선수는 본 적이 없을 겁니다. 투어 선수들은 대부분 티에서 그린까지 같은 타수를 치는 경우가 많습니다. 1위와 20위 선수의 차이는 얼마나 많은 퍼트를 홀에 넣느냐에 따라 결정됩니다. 골프 라운드 중에는 전체 샷의 40~45%를 퍼터로 치게 됩니다. 기껏해야 18홀 동안 13~14개의 드라이브를 칠 수 있지만, 한 라운드에서 30~35개의 퍼트를 치게 됩니다. 70대 초반의 스코어를 기록하는 실력 있는 아마추어 또는 프로 골퍼는 라운드당 평균 30~32개의 퍼트를 칠 수 있으며, 이는 모든 아이언샷을 합친 것보다 더 많은 스트로크에 해당합니다.

선수들은 티샷이 잘못되었을 때 그린을 향한 리커버리샷을 잘 쳐서 위기를 극복할 수 있습니다. 또한 칩샷을 핀 가까이에 붙이면 어프로치샷 실수를 만회할 수 있습니다. 하지만 빗나간 퍼트를 되돌릴 방법은 없습니다. 퍼트는 모든 홀에서 마지막 샷입니다. 미스 퍼트를 구할 기회는 없습니다. 한 그린에서 퍼트 한 개, 두 개,

세 개 또는 네 개까지도 칠 수 있습니다. 그린에서 3퍼팅보다 원퍼팅으로 끝내는 것이 스코어에 큰 차이를 가져옵니다.

좋은 퍼팅은 많은 샷을 절약할 수 있습니다. 1.5m 및 1.8m 퍼팅을 꾸준히 성공시켜 파를 기록하면 여러 타를 절약할 수 있습니다. 퍼팅을 잘하면 게임의 다른 부분에도 도움이 됩니다. 퍼터가 잘 맞을 때는 좋은 스코어를 내기 위해 완벽한 샷을 쳐야 한다는 생각이 들지 않으므로 나머지 게임에서 긴장을 풀 수 있습니다. 퍼팅을 잘하면 샷을 잘못해도 좋은 퍼팅으로 회복할 수 있다는 마음의 평안과 자신감을 얻을 수 있죠. 반면에 퍼터로 샷을 낭비할 수도 있습니다. 퍼팅이 좋지 않으면 게임의 다른 부분도 떨어질 수 있으니까요. 더 나은 볼 스트라이크를 통해 스코어를 만회해야 한다는 압박감이 생깁니다. 퍼팅이 잘 안 되면 볼이나 칩샷을 홀에 더 가깝게 치려고 하기 때문에 지나치게 공격적인 자세를 취하게 됩니다. 어프로치샷을 핀에 더 가깝게 치려면 티샷을 더 잘 쳐야 합니다. 그러다 보니 무리하게 드라이버를 휘두르기 시작하고 오버스윙을 하게 됩니다. 그러면 스윙을 과도하게 제어하기 시작하고 방향성이 없는 드라이브를 치는 것입니다.

"의심할 여지 없이,

승부는 퍼팅 그린에서 결정된다."

_ 잭 니클라우스(1976)

골프 교습가들이 책이나 비디오 그리고 골프 교습 과정 중에서 퍼팅의 심리에 대해 왜들 그렇게 관심이 없는지 궁금합니다. 퍼팅이 게임의 40% 이상을 차지하고 있는데도 대부분의 골프 교습서는 퍼팅에 10% 미만을 할애하고 그마저도 주로 퍼팅의 역학에 초점을 맞춥니다. 퍼팅 교본 또한 퍼팅에서 가장 중요한 부분을 외면합니다. 퍼팅을 잘하는 골퍼라면 누구나 퍼팅은 마음먹기에 달려 있다고 말하지만, 훌륭한 퍼팅의 정신력은 무엇인지, 그린에서 어떻게 생각해야 하는지 조언해주는 사람은 아무도 없습니다. 이제 이 책에서 이러한 취약점을 해결하고자 합니다.

《멘탈 퍼팅》은 더 나은 스코어를 낼 수 있는 강력한 방법을 소개합니다. 훌륭한 퍼터의 자질에 대해 논의하고, 퍼팅 실력을 향상하기 위해 마음을 활용하는 시스템을 보여드리겠습니다. 또한 훌륭한 퍼팅을 위해 정신적으로 준비하는 방법, 코스에서 스코어를 올리는 데 도움이 되는 연습 방법, 라운드 전 워밍업을 위한 나만의 시스템을 만드는 방법도 알려드리겠습니다. 또한 자신감 회복, 스파이크 마크 극복, 3퍼트 등 골퍼들을 가장 자주 괴롭히는 정신적 장애물이나 문제에 대처할 수 있는 실용적인 방법도 소개하고 있습니다. 마지막으로, 최고의 퍼팅을 위해 마음을 활용하는 가장 중요한 6가지 열쇠와 퍼팅 진행 상황을 모니터링하는 방법을 요약했습니다. 퍼팅을 잘하기 위한 정신적 열쇠에는 긍정적인 태도, 퍼팅 자신감, 터치 감각과 느낌, 집중력, 비전과 상상력, 스트로크 신뢰 등이 포함됩니다.

  많은 골퍼와 골프 전문가들은 모든 퍼팅을 성공시키는 것은 불가능하다고 봅니다. 모든 퍼팅을 성공시킬 수 있다고 생각하거나 기대하는 것은 비현실적이고 인간의 통제 범위를 벗어난 희망 사항에 불과하다고 말합니다. 하지만 필자의 생각은 다릅니다. 우리 두 필자는 여러분이 모든 퍼팅을 성공시킬 수 있다고 믿습니다! 실제로는 불가능하더라도 모든 퍼팅을 성공시킬 수 있다고 생각하고, 행동하고, 믿어야 합니다!

  그린을 읽고, 라인을 보고, 공의 경로와 속도를 시각화하고, 성공할 수 있다고 믿고, 자신의 라인과 스트로크를 신뢰하는 것은 최고의 퍼팅을 위한 기본 요소입니다. 자신을 좋은 퍼터라고 생각하고, 퍼팅을 시각화하며, 효과적으로 연습하고, 긍정적인 자기 대화를 하는 것은 퍼팅을 위한 최고의 멘탈 관리법입니다.

  훌륭한 생각이나 훌륭한 태도가 퍼팅 연습을 대신할 수 있다고 생각하지는 않습니다. 훌륭한 마음가짐이 몸으로는 아직 체득하지 못한 불안정한 퍼팅 스트로크를 보완해줄 수는 없으니까요. 의도한 라인에서 볼을 정확하게 보낼 수 있어야 합니다. 더 많은 자신감과 더 나은 태도는 그린에서 더 좋은 스코어를 올리는 데 도움이 되지만, 연습을 대신할 수는 없습니다. 스트로크를 반복하고 터치와 느낌을 개선하기 위한 실제 연습만큼 중요한 것은 없습니다. 하지만 신체적 연습과 강력한 정신적 접근을 병행한다면 퍼팅에 대한 긍정적인 열정으로 자신을 채울 수 있으며, 이는 훌륭한 퍼터가 되기 위한 최적의 타이밍이자 출발점입니다. 이것이 바로 《멘탈 퍼팅》에 관한 모든 것입니다. 퍼팅의 정신적 기술과 신체적 기술을 결합하면 자신감과 퍼팅 실력이 향상될 것입니다. 당신의 마음을 이용해 최고의 퍼팅을 즐겨보세요!

1부
The Mental Art of
PUTTING

워밍업

과연 나는 수비형일까? 공격형일까?

자신의 퍼팅 스타일을 분명하게 정하라!

프로든 아마추어든 코스에서 자신의 중심을 잡아줄 퍼팅 철학이 있어야 합니다. 마치 게임 플랜이 있는 것처럼 말이죠. 축구팀은 팀의 강점과 약점을 바탕으로 특정 경기를 어떻게 운영해나갈 것인지 설정합니다. 그런 다음 최고의 일관성과 성공을 달성하기 위해 계획을 실행하고 이를 유지하지요. 여러분도 퍼팅 그린에서 성공하고 싶다면 계획을 세워야 합니다.

퍼팅 스타일 2가지 이해하기

대부분의 플레이어는 2가지 기본 퍼팅 철학 중 하나를 가지고 있습니다. 한 가지 퍼팅 스타일은 '공격적 퍼팅'으로, 홀의 뒤쪽을 향해 강하게 볼을 쳐서 의도한 라인에 볼을 붙이는 것입니다. 또 다른 스타일은 다이(die) 또는 래그(lag)라고도 부르는 '수비형 퍼팅' 방식입니다. 이 스타일을 사용하는 플레이어는 볼이 컵의 앞쪽이나 옆으로 굴러들어가 간신히 컵 안으로 떨어지도록 볼을 치는 것입니다. 이제 이 두 가지 퍼팅 스타일을 살펴보고 자신의 게임에 가장 적합한 퍼팅 스타일이 무엇인지 알아봅시다.

공격적인 스타일의 퍼터는 'Never up, Never in'이라고 생각하고 퍼팅을 라인에 붙일 수 있을 만큼 과감하게 스트로크를 합니다. 이 유형의 퍼터는 공이 홀을 놓쳐도 0.6m 또는 1m 퍼팅이 다시 돌아오는 것에 대해 걱정하지 않습니다. 반대로 수비형 퍼터는 중력을 이용해 공이 홀에 떨어질 가능성을 높이려 합니다. 간단한 물리학 법칙에 따르면 공이 느리게 움직일 때 컵의 가장자리 위로 굴러가 홀에 떨어질 가능성이 더 높습니다. 컵의 가장자리에 맞았을 때 빠르게 움직이는 퍼팅은 홀에 떨어질 확률이 낮습니다. 수비형 퍼팅의 장점은 다음과 같습니다. (1)퍼트가 홀의 일부에 맞으면 들어갈 확률이 더 높고, (2)미스해도 컵에 더 가까이 붙을 수 있다는 점입니다. 일반적으로 수비형 퍼터는 공이 컵에 더 가깝게 멈추기 때문에 두 번째 퍼팅이 더 쉽습니다. 수비형 퍼팅의 단점은 공이 느리게 움직일 때 의도한 라인을 유지하기가 더 어렵다는 거죠. 따라서 울퉁불퉁하거나 스파이크가 있는 그린에서는 볼이 라인을 쉽게 잃고 코스를 벗어날 수 있습니다.

> "홀에서 1m 정도 모자란 공이 들어가는 것을 본 적이 없지만, 그렇다고 1m 정도 지나간 공이 들어가는 것도 본 적이 없다."
>
> _ 짐 콜버트, PGA 시니어 투어

당신은 수비형인가? 공격형인가?

잭 니클라우스, 벤 크렌쇼, 톰 카이트 같은 위대한 퍼터들은 '래그(수비형)' 퍼팅을 옹호하는 반면, 아놀드 파머, 톰 왓슨, 그렉 노먼 같은 위대한 선수들은 '차지(공격형)' 스타일의 퍼팅을 고수합니다. 플레이어가 채택하는 방식은 플레이어의 성격, 평소 플레이 스타일, 게임에 대한 정신적 접근 방식에 따라 달라집니다. 전반적으로 공격적인 플레이를 하는 선수는 대개 숏게임에서도 이러한 플레이 스타일을 유지합니다.

그렉 노먼이나 존 데일리처럼 공격적으로 플레이하고, 벙커 뒤에 가려진 핀을 공략하고, 티샷에서 도그레그 홀(티에서 그린까지 일

직선인 곳과 달리, 휘어지는 홀 - 역자 주)의 코너를 가로지르고 파5를 2온에 공략하는 골퍼라면 대담하게 퍼팅을 할 가능성이 높습니다. 좋은 스코어로 이어질 수 있는 더 많은 위험을 감수하지만, 모험이 성공하지 못했을 때 높은 스코어를 기록할 위험도 있습니다. 공격적으로 퍼팅을 하려면 퍼팅을 다시 성공시킬 수 있다는 자신감이 있어야 합니다. '공격' 방식은 '모 아니면 도' 식의 태도라고 할 수 있습니다.

> "자신이 태생적으로 '공격형' 퍼터인지,
> 아니면 '수비형' 퍼터인지 결정해야 한다."
>
> _ 잭 니클라우스(1974), PGA 시니어 투어

티에서 3번 우드와 아이언으로 티샷하고, 어프로치샷은 그린 중앙을 노리며, 파5 홀에서는 레이업을 하는 보수적인 플레이어는 그린에서도 같은 어프로치를 할 가능성이 높습니다. 잭 니클라우스처럼 신중하고 계산적인 플레이어는 홀을 너무 멀리 지나쳐 볼을 칠 위험을 피해 갑니다.

다시 말하지만, 여기에는 장단점이 있습니다. 보수적인 플레이어는 기회를 많이 잡지 못하지만 공격적인 플레이어처럼 곤경에 빠지는 위험은 피할 수 있습니다. 수비형 퍼터는 퍼팅이 컵에 약간 모자라는 경우가 많지만 공격적인 퍼터에 비하면 3퍼트 미스가 적을 것입니다.

때에 따라서는, 수비형 퍼터가 홀을 지나칠 만큼 세게 퍼팅해야 하고, 공격형 퍼터는 볼의 속도를 줄여서 홀에 떨어지도록 쳐야 하기도 합니다. 짧은 퍼트에서는 수비형 퍼터가 브레이크를 무시하고 볼을 라인에 '붙잡아' 놓을 만큼 강하게 퍼팅해야 할 수도 있습니다. 마찬가지로 매우 빠른 그린이나 긴 내리막 퍼팅을 할 때는 공격형 퍼터가 볼 스피드를 죽여 퍼팅을 해야 할 수도 있죠.

> 자신의 퍼팅 스타일을 이해했다면
> 나만의 퍼팅 계획을 세울 수 있습니다.

그린의 속도가 빠를 때와 느릴 때

숏게임 전문가인 데이브 펠츠(1989)는 플레이어가 충분한 속도로 퍼트를 쳐서 홀을 17인치 정도 지나가도록 해야 한다고 말합니다. 그는 퍼트가 '울퉁불퉁한 도넛'을 통과할 수 있는 정확한 속도로 칠 때 홀에 들어갈 확률이 가장 높다고 말합니다. 울퉁불퉁한 도넛은 이전 플레이어가 발자국을 남긴 흔적으로 인해 둥그런 모양이 된 홀 주변의 원형 영역을 말합니다. 펠츠의 17(43cm)인치 규칙은 평균적인 그린 속도에서는 잘 지켜지지만, 매우 빠르고 부드러운 그린이나 매우 느리고 울퉁불퉁한 그린, 또는 경사가 심한 그린에서 퍼팅을 할 때는 크게 달라집니다.

매우 부드러운 벤트그래스 그린에서는 홀을 지나는 거리가 25~30cm까지 줄어듭니다. 이것은 볼이 홀 근처에서 너무 느리게 움직이기 때문에 수비형 퍼터가 더 많은 퍼트를 놓칠 수 있음을 시사합니다. 하지만 자신감이 부족한 골퍼에게 40cm는 결코 쉬운 거리가 아니죠. 그리고 빠른 그린에서 과감하게 퍼팅한다면 가끔 1.5m 또는 1.8m 이상 지나가는 퍼팅이 됩니다.

퍼팅 직전, 당신의 마음 상태는?

그린에 올라 퍼팅을 할 때 흥분되나요, 아니면 3퍼팅에 대한 두려움 때문에 퍼터를 가방에서 꺼낼 때 긴장하기 시작하나요? 퍼팅에 대한 일반적인 태도는 여러분이 선택하게 될 퍼팅 철학에 영향을 미칩니다. 3퍼팅을 두려워하고 1m 퍼팅이 돌아오는 것에 신경을 곤두세우고 싶지 않은 플레이어는 탭인할 만큼 볼을 가까이 두는 것이 더 편하기 때문에 다이 방식을 채택할 가능성이 높습니다.

그렉 노먼 같은 공격적인 플레이어는 1m 퍼팅을 다시 해야 하는 것에 대해 걱정하지 않습니다. 그는 퍼트 성공 확률을 높이기 위해 볼이 홀을 지나쳐 굴러갈 위험을 감수하지요. 그는 공이 어디에 멈추든 다음 퍼팅을 성공시킬 수 있다고 확신합니다. 이런 태도는 '해보자'는 마음가짐으로 무슨 일이 일어나든 받아들이는 태도입니다.

> "다음 퍼팅의 가능성을 기대하고 즐긴다면
> 현재 퍼팅을 놓쳤다는 사실에 신경 쓰지 않을 것이다."
>
> _ 그렉 노먼(1988), PGA 투어

그렉 노먼은 공격적인 퍼팅의 장점 몇 가지를 다음과 같이 정리해줍니다.

첫째, 퍼팅을 자주 짧게 남겨두지 않으면 퍼팅 성공 확률이 높아집니다. 둘째, 확고한 스트로크를 통해 볼을 가속할 수 있어 볼에 더 나은 스핀을 부여합니다. 셋째, 짧은 퍼트에서 공격적인 스트로크를 하면 볼을 홀에 똑바로 보내게 되어 롤에 영향을 주는 모든 방해 요소를 제거할 수 있습니다. 라인대로 조금만 더 세게 쳤더라면 들어갈 수 있었던 짧은 퍼팅은 이루 말할 수 없는 좌절감을 느끼기 때문이죠. 장거리 퍼팅을 통해 볼이 홀을 통과할 때 공이 어떻게 반응하는지 볼 수 있어 다음 퍼팅을 위한 브레이크를 더 잘 파악할 수 있습니다.

마지막으로, 홀에 못 미치는 퍼팅을 치면 매우 실망스럽죠. 정확한 속도를 판단하는 것만 빼고 모든 것을 올바르게 했는데도 짧게 끝나면 말입니다. 조금만 더 강하게 쳤다면 퍼트가 떨어졌을 텐데 싶으니까요. 짧았지만 볼이 라인 위에 남아 있을 때의 좌절감은 확실히 인내심이 필요합니다.

> 퍼팅이 잘되기를 바라기보다는
> 자신만의 퍼팅 철학을 개발하라!

나만의 스타일을 찾아라

어떤 방법을 사용하든 자신이 믿고 자신에게 맞는 방법을 밀고 나가세요. 홀에서 1.2m 이상 떨어진 볼을 치는 것이 걱정된다면 공격적인 퍼팅 스타일은 당신에게 맞지 않을 수 있습니다. 볼이 컵에 못 미치는 것을 싫어한다면 래그퍼팅이 적합하지 않을 수 있어요. 퍼팅 철학은 개인의 성격에 따라 다르게 마련입니다. 단호하고 자신감 넘치는 태도를 가진 골퍼라면 차지퍼팅 방식을 채택할 가능성이 높겠지요. 보수적이거나 전략적인 플레이어라면 래그퍼팅이 더 적합할 수 있습니다. 그리고 얼마나 과감하게 퍼팅할지를 결정하는 또 다른 요소도 있다는 것을 기억하세요. 빠른 그린이나 경사가 심한 그린에서 과감하게 퍼팅하는 것은 위험합니다. 또한 경기에서 자신의 순위와 같은 요소도 고려해야 하죠. 경기에서 승리하기 위해 파를 기록해야 한다면 공을 컵에서 1.2m 이상 지나가게 굴리고 싶지 않을 겁니다.

 Try This!

수비형 퍼팅이 편한지, 공격형 퍼팅이 편한지 체크해보는 법

연습 그린 위에서 6m 퍼트를 다양한 속도로 여러 번 쳐보세요. 먼저 래그퍼팅으로 몇 개의 퍼팅을 해보고, 차지퍼팅으로 바꿔서 해보세요. 어떤 스타일이 편안하게 느껴지는지 확인하고 각 스타일로 얼마나 많은 퍼팅을 성공시킬 수 있는지 알아보세요. 홀에서 1m 이상 지나가는 퍼팅은 시도하지 마세요. 1.5m 퍼트도 똑같이 해보고 어떤 스타일이 가장 효과적인지 테스트해보세요. 가장 많이 퍼팅을 성공시킬 수 있는 스타일을 찾아보는 겁니다. 그런 다음 연습 그린에서 자신에게 가장 잘 맞는 철학이나 스타일을 사용하세요. 18홀 전체를 자신의 퍼팅 스타일로 플레이해보고, 최소 3라운드 이상의 진행 상황을 차트에 기록해보세요. 기록이야말로 실력의 초석입니다!

최고의 퍼터가 되기 위하여

퍼팅에 필요한 기본 조건들

　뛰어난 퍼터들과 함께 일하고 연구한 결과, 그들은 평균의 혹은 평범한 퍼터들과는 퍼팅에 대해 다르게 생각한다는 걸 알 수 있었습니다. 뛰어난 퍼터가 되려면 반복 가능한 스트로크와 무엇보다도 퍼팅에 대한 훌륭한 태도를 가져야 합니다. 훌륭한 태도란 단순히 긍정적인 태도가 아닙니다. 무엇보다 자신이 좋은 퍼터라고 생각하고, 자신의 방법을 신뢰하며, 기술보다는 느낌에 의존하고, 공을 홀에 넣는 방법을 아는 것입니다. 또한 자신감, 연습과 실력 향상에 대한 강한 열망, 그리고 자신을 목표를 향해 정확하게 조준하고 정렬할 수 있는 능력이 있어야 합니다.

이 장에서는 훌륭한 퍼터의 마음가짐과 성격에 초점을 맞췄습니다. 좋은 퍼터가 되려면 완벽한 패키지를 갖추고 몇 가지를 잘해야 합니다.

훌륭한 퍼터는 결단력이 있고, 퍼팅 능력에 대한 자신감이 있으며, 공을 홀에 넣는 방법을 명확하게 잘 알고 있습니다. 또한 자신이 훌륭한 퍼터라고 믿고, 퍼팅을 좋아하며, 공을 놓치는 것보다 홀에 넣는 데 더 집중하고, 놓친 퍼팅을 쉽게 잊어버릴 수 있어야 합니다. PGA 투어 선수 밥 에스테스는 훌륭한 퍼터는 대부분의 것들을 잘한다고 말합니다.

"훌륭한 퍼터는 모든 것을 갖추고 있습니다. 속도가 좋고, 라인에 맞추고, 브레이크를 볼 수 있고, 그린을 읽을 수 있고, 그린에서의 터치에 자신감과 편안함이 있죠. 그런 것들을 분리하여 훌륭한 퍼터로 간주할 수는 없다고 생각합니다."

스스로 훌륭한 퍼터라고 자부하는가?

훌륭한 퍼터는 평범한 퍼터와 완전히 다른 사고방식을 가지고 있습니다. 그 차이점은 무엇일까요? 모든 위대한 퍼터는 자신이 위대한 퍼터라고 믿습니다. 평균 퍼터나 서툰 퍼터는 자신이 나쁜 퍼터라고 생각하기 때문에 퍼팅 그린에 도달하기도 전에 스스로

좋은 퍼터와 나쁜 퍼터의 태도 차이

훌륭한 태도	안 좋은 태도
- 자신을 훌륭한 퍼터로 여김	- 자신의 퍼팅이 서툴다고 생각함
- 퍼팅을 좋아함	- 퍼팅을 두려워하고 싫어함
- 자신감이 높음	- 자신감이 낮음
- 자신의 결정을 신뢰함	- 마음이 자주 바뀜
- 압박감이 있을 때 더 잘 집중함	- 겁이 나고 불안해짐
- 역학은 중요하지 않다고 생각함	- 역학에 집중함
- 자신의 방법을 이해함	- 완벽한 스트로크를 시도함
- 시각화를 잘함	- 시각화가 잘 되지 않음
- 긍정적인 감정으로 플레이함	- 부정적인 감정을 가지고 플레이함
- 그대로 놔둠(Lets it happen)	- 너무 열심히 시도함
- 퍼팅을 단순화함	- 퍼팅을 복잡하게 만듦
- 실수를 잊는 연습을 함	- 실수에 집착함
- 퍼트 넣는 연습을 함	- 스트로크 역학을 연습함

를 좌절시키죠. 이런 선수들은 자신이 놓친 퍼트만 기억하고 자신이 성공시킨 퍼트는 잊어버립니다.

훌륭한 퍼터는 자신이 좋은 퍼터라고 믿을 뿐만 아니라, 퍼팅을 할 때 설레는 마음을 갖습니다. 그들은 진정으로 모든 퍼팅을 성공할 수 있다고 믿으니까요.

반면에 평범한 퍼터는 스스로를 '괜찮은 편' 또는 '기복이 심하다'라고 여깁니다. 그런데 이러한 부정적인 태도는 퍼팅을 얼마나 많이 놓쳤는지에 더 집중하게 만들고, 다음 퍼팅을 어떻게 해야 할지에 몰두하게 하죠. 공을 홀에 넣을 방법을 찾는 대신 3퍼트를 더 걱정하게 됩니다.

> "퍼터를 잘하는 선수들은
> 자신이 좋은 퍼터라는 것을 알기 때문에 그렇게 생각하는 것이다."
>
> — 윌리 밀러, 퍼먼 대학교 골프 코치

자기 실력에 대한 자신감

세계 최고의 퍼터들은 자신의 퍼팅 능력에 엄청난 자신감을 가지고 있습니다. 리 트레비노나 데이브 스톡턴은 그린에 올라설 때 모든 퍼팅을 성공시킬 수 있다는 마음가짐으로 임합니다.

그들은 절대 미스에 대한 의심을 품지 않습니다. 통계적으로 6m 퍼트를 성공할 확률은 실패할 확률보다 훨씬 낮지만 위대한 퍼터의 마음속에는 퍼트를 성공할 생각만 할 뿐 실패에 대한 생각은 결코 없습니다. 위대한 퍼터들은 '실패'라는 사고방식을 가지고 있지 않습니다.

> "가장 중요한 것은
> 자신이 하는 일에 대한 자신감을 갖는 것이다."
>
> _ 톰 카이트(1990)

> 위대한 퍼터는 퍼팅에 열광하며
> 자신이 퍼팅을 잘하고 있음을 '확신'한다.

대다수의 골퍼들은 라운드 초반에 퍼트 몇 개를 놓치면 자신감이 떨어집니다. 그러나 위대한 퍼터들은 퍼팅이 결국 성공할 것이라는 걸 알기 때문에 초반에 퍼팅을 놓쳐도 자신감을 잃지 않지요. 그들은 다른 퍼터들보다 인내심이 매우 강합니다. 반면에 퍼트가 좋지 않은 사람들은 일찍 포기하고 시도를 중단합니다. 이런 사람은 "오늘은 운이 안 좋아"라고 말하곤 하지요. 이는 자기 성취적 예언입니다. 퍼팅 실력이 안 좋은 퍼터는 스스로 퍼팅을 할 수 없다고 생각합니다. 포기하는 편이 그들의 자괴감으로부터 자신을 보호해줄 테니까요. 이런 골퍼에게는 퍼팅을 아예 포기하는 편이 퍼팅 부진에 대처하는 더 쉬운 방법일 겁니다.

평범한 골퍼들은 퍼팅 그린에서 자신의 능력을 믿지 못합니다. 때때로 자신감을 느낄 수도 있지만, 자신감은 퍼트 수에 따라 왔다 갔다 합니다. 퍼팅을 할 수 있다고 생각하며 하루를 시작하지만, 초반에 퍼팅을 놓치면 그 자신감은 금세 사라지고 하루 종일 퍼팅에 대한 자신감마저 잃게 됩니다. 퍼팅을 연달아 실수하고 나면 자신감이 떨어지게 되고 회복하기도 어렵습니다.

의심병 걷어내기

좋은 퍼팅의 특징 중 하나는 결단력입니다. 퍼팅 그린에서 계속 마음이 바뀌는 플레이어는 의심하는 경향이 있습니다. 결단력이 있다는 것은 두 번 생각하지 않고 결정을 내리고 그 결정을 실행하는 것을 의미합니다. 훌륭한 퍼터들은 매우 단호합니다. 그들은 퍼팅을 성공시키는 방법에 대한 정확한 계획을 가지고 있습니다. 그들은 라인을 선택하고 퍼트를 어떻게 칠지 결정하고 그 계획에 전념합니다. 의심이나 우유부단함이 퍼팅을 방해하는 것을 허용하지 않습니다. 퍼트를 놓칠 것 같은 의심이 들더라도 어떻게 대처해야 할지 알고 퍼팅에 다시 집중할 수 있습니다.

> "퍼트를 치기 전에 퍼트를 성공할 것이라고 믿고, 어떻게 정확하게 칠 것인지에 집중하라."
>
> _ 비키 괴체, LPGA 투어

일반적인 골퍼들은 자신의 결정을 믿지 못하고 자주 마음을 바꿉니다. 의심이 많은 골퍼는 그린에서 볼이 어떻게 반응할지, 어떻게 홀에 넣을지 결정하지 못하기 때문에 좋은 스트로크를 하기 어렵습니다. 자신이 무엇을 하려는지 명확히 알지 못하면 제대로 된 퍼트를 치기 어렵습니다.

자기 방법에 대한 믿음

많은 선수가 스트로크를 완벽하게 하려고 너무 애쓰다가 그린에서 실수를 저지르곤 합니다. 기계적인 결함이 있다면 기계적인 부분을 개선해야 합니다. 하지만 퍼팅을 잘하기 위해 완벽한 메커니즘을 갖춰야 한다고 생각하면 퍼팅 잠재력을 발휘하지 못할 수도 있어요. 역학적인 부분과 완벽한 스트로크 개발에 더 신경을 쓰는 선수는 골프 스트로크 연습만 하고 정작 퍼팅은 하지 않습니다.

> "퍼팅을 잘하는 선수는 공을 치는 데에만 전념한다. 스트로크에 대해 생각하지 않는다. 스트로크는 몸을 굳게 만드는 단어다. 그들은 공은 치는 것에만 집중한다."
>
> 밥 머피, PGA 시니어 투어

훌륭한 퍼터들은 기술적이지도, 기계적이지도 않습니다. 그들은 터치와 느낌에 의존하지요. 그들은 '어떻게' 공을 홀에 넣어야 하는지를 생각하지 않고 단지 공을 홀에 넣는 방법을 몸으로 익힙니다. 훌륭한 퍼터는 자신의 퍼팅 방법을 이해하고 그 방법이 효과가 있다는 믿음을 가지고 있습니다. 뛰어난 퍼터의 스트로크가 기술적으로 아무리 완벽하더라도 그 스트로크는 언제나 반복 가능하고 자신에게 효과가 있어야 한다는 것을 알고 있죠. 프로 투어에서 다양한 퍼팅 스트로크를 볼 수 있지만, 각 선수가 자신의 스트로크를 신뢰하고 샷마다 일관성을 유지하기 때문에 모두 잘 구사할 수 있습니다. 리 트레비노, 톰 왓슨, 벤 크렌쇼, 데이브 스톡턴 같은 선수들은 공을 치는 방식은 다르지만 모두 자신감이 넘치고 자신에게 맞는 방법을 잘 알고 있기에 퍼팅에서 성공하는 것입니다.

감각을 깨우는 터치 연습

위대한 퍼터들은 '부드러운 손'의 중요성에 대해 많이 이야기합니다. 손이 부드럽다는 것은 그립 압력이 가벼워 퍼터 헤드를 온전히 느낄 수 있고 퍼터 접촉의 '견고함'에 대한 확실한 피드백을 얻을 수 있다는 뜻입니다. 훌륭한 퍼터는 그린에서의 터치감과 느낌이 뛰어납니다. 잭 니클라우스 같은 매우 뛰어난 퍼터들은 훌륭한 퍼팅은 대부분 좋은 느낌이나 터치이며, 역학적인 요소와는 거의 관련이 없다고 생각합니다. 몇몇 선수들은 선천적으로 좋은 느낌과 터치를 타고나지만 여러분도 연습을 통해 얼마든지 향상할 수 있습니다.

대부분의 선수들은 연습과 반복을 통해 감각과 터치가 발달한다고 믿습니다. LPGA의 뛰어난 선수인 멕 말론은 연습과 루틴을 통해 터치를 개발하는 방법을 배웠습니다. 그녀는 "퍼트를 읽는 방법과 루틴을 익힌 후 정확한 셋업을 익히고 나서야 퍼트를 칠 수 있었고 감각과 터치를 발전시킬 수 있었다"고 말합니다.

아무리 터치감이나 감각을 타고났다고 하더라도 대부분의 훌륭한 퍼터들은 터치 감각을 더욱더 향상하기 위해 특정한 훈련을 통해 터치를 개발합니다. 터치와 느낌의 수준은 궁극적으로 터치 감각 향상을 위해 어떻게 연습하느냐에 따라 달라집니다.

> 최고의 퍼팅을 하려면 기계적인 접근법보다는
> 인간의 본능적인 감각에 더 의존해야 한다.

> "퍼팅은 컵을 향해 볼을 스트로크하는 것 이상의 것이기 때문에 대부분의 뛰어난 퍼터들은 좋은 터치 감각을 가진 사람들이다. 뛰어난 퍼터가 되려면 좋은 감각을 가져야 한다."
>
> _ 래리 마이즈, PGA 투어

시각화로 라인을 읽는 능력 쌓기

뛰어난 퍼터라면 누구나 그린을 따라 굴러가는 볼을 시각화하거나 라인을 '시각화하는' 능력이 퍼팅에 매우 중요하다고 말할 겁니다. 시각화 능력은 게임의 모든 측면에 중요하지만 퍼팅에서는 그 무엇보다 중요할 수 있어요.

퍼팅을 읽을 때 당신은 무엇을 제일 먼저 보나요? 경사진 그린에서 퍼팅을 읽으려면 상상력을 발휘해 퍼팅의 라인이나 경로를 머릿속으로 그려보는 능력이 필요합니다. 타깃을 설정하고 조준하려면 그린에서 볼이 어떻게 반응할지 상상하는 능력도 필요합니다. 래리 마이즈 같은 위대한 퍼터들은 경사, 속도, 잔디의 종류에 따라 공이 그린에서 어떻게 반응할지 상상력을 발휘하여 그림을 그려내는 능력을 갖추고 있습니다.

퍼팅에는 거리(속도)와 방향(목표)이라는 두 가지 요소가 반드시 필요합니다.

둘 다 좋은 시야가 중요하지요. 목표물과의 거리를 정확하게 파악하려면 깊이 감지 능력과 거리 판단력이 뛰어나야 합니다. 또한 타깃을 정확하게 조준해야 합니다. 이 두 가지를 모두 수행하려면 먼저 퍼팅라인을 제대로 볼 수 있어야 합니다.

퍼팅을 즐기게 되면

골프에서 가장 강력한 감정 중 하나는 두려움입니다. 두려움은 실패에 대한 두려움, 당황스러움에 대한 두려움, 퍼팅을 놓치는 것에 대한 두려움 등 다양한 형태로 나타납니다. 두려움에 사로잡히면 끝입니다. 하지만 설렘이라는 통제된 감정은 매우 유용합니다. 설렘은 집중력을 높이고 에너지를 불어넣는 긍정적인 감정입니다. 두려움은 주의를 분산시키고 에너지를 방전시키는 부정적인 감정이지요.

뛰어난 퍼터는 설렘으로 그린을 밟습니다. 그들은 어떻게 퍼팅을 할 것인가에 집중합니다. 그들의 설렘은 긍정적인 에너지로 전환되어 프리퍼트 루틴 동안 집중하는 데 도움이 됩니다. 반면에 퍼팅이 약한 골퍼들은 퍼팅 그린에 들어서면 불안해하고, 어떻게 하면 3퍼팅을 피할 수 있을지를 먼저 생각합니다. 퍼트를 놓치는 것에 대한 두려움이 부정적인 생각으로 바뀌어 많은 골퍼들이 퍼트를 놓치게 되지요.

> "성공이 가능했던 퍼트를 놓치는 것은
> 두려움이나 부정적인 태도 때문이지
> 잘못된 테크닉 때문이 아니다."
>
> _ 잭 니클라우스(1974)

퍼팅의 순간에 최선을 다하고 있는가?

대부분의 골퍼는 열심히 노력하면 노력할수록 더 좋은 퍼팅을 할 수 있을 거라고 생각합니다. 하지만 항상 그런 것은 아닙니다. 자신의 그린 판독 결과를 지나치게 분석하거나, 너무 무리하거나, 스트로크를 지나치게 통제하려고 하면 퍼팅 능력이 떨어집니다.

그린 판독 결과를 과도하게 분석하면 결정을 번복하게 됩니다. 너무 지나치게 신경을 쓰면 라인에 대해 너무 많이 생각하다가 퍼팅의 속도를 잊어버리거나 속도에 대해 너무 많이 생각하다가 방향을 잊어버릴 수 있습니다.

스트로크를 지나치게 억제하면 공을 부드럽고 자연스럽게 치는 능력을 망칠 수 있습니다.

> "골프, 특히 퍼팅에서 너무 완벽해지려고 하기 쉬운데, 이렇게 완벽을 추구하다 보면 퍼팅을 할 때 긴장하게 된다."
> _ 래리 마이즈, PGA 투어

위대한 퍼터들은 최고의 노력이 아니라 최선을 다하는 방법을 알고 있습니다. 그들은 지나치게 분석하거나 너무 무리한 시도를 함으로써 스스로를 구속하지 않아요. 위대한 퍼터들은 자신의 루틴에 집중하고 경험과 본능에 맡깁니다. 그들은 흐름에 빠져들고 그 과업의 요구 사항에 몰입하는 방법을 알고 있습니다. 뛰어난 퍼터는 본능적으로 퍼팅을 읽고, 자동으로 목표물에 정렬하며, 본능적으로 홀이나 퍼팅라인에 집중합니다.

완벽하지 않음을 인정하라

훌륭한 퍼터들은 퍼팅을 놓쳤을 때 실망하거나 좌절하지 않습니다. 그들은 모든 퍼팅을 완벽하게 해내는 것이 현실적으로 불가능하다는 걸 알고 있거든요. 최고의 선수들은 다음 퍼팅을 잘할 수 있다는 것을 알기 때문에 한두 번의 퍼팅을 놓친 후에도 낙담하지 않습니다. 리 트레비노처럼 퍼팅을 잘하는 골퍼는 종종 퍼팅 미스를 자신의 탓이 아니라 그린의 불완전함, 스파이크 마크 또는 제대로 커팅되지 않은 홀 탓으로 돌리곤 합니다. 이처럼 자신이 통제할 수 없는 것을 탓하면 자신감에 부정적인 영향을 미치지 않습니다.

훌륭한 퍼터는 좋은 날과 나쁜 날이 있다는 것을 받아들입니다. 그들은 자신이 인간이고 매일 퍼팅을 잘할 수 없다는 사실을 충분히 알고 있습니다. 어느 날 퍼팅이 잘 안 되면 다음 날은 다를 것이라는 걸 알지요. 하지만 퍼팅이 잘 안 되는 골퍼는 미스샷이 나오면 스스로에게 화를 내고 자신의 퍼팅 실력을 자책합니다. 이런 유형의 플레이어는 부정적인 반응으로 인해 자신이 퍼팅을 잘하지 못한다는 생각에 빠져버립니다. "내가 퍼트만 잘하면 좋은 선수가 될 수 있을 텐데"라고 자책하는 것이지요.

퍼팅 하나하나에 최대한 집중하면서 연습하라

훌륭한 퍼터들은 연습을 최대한 활용하는 방법을 알고 있습니다. 그들의 퍼팅 연습은 골프 코스에서 성공적인 퍼팅을 하는 데 도움이 됩니다. 위대한 퍼터들은 어디서든 모든 퍼팅을 성공시키기 위해 연습하기 때문이죠. 그들은 연습 때도 골프 코스에서 퍼팅을 하듯이 퍼팅 하나하나에 온전히 집중합니다. 하지만 보통 퍼터들은 퍼팅을 연습하는 대신 스트로크를 연습합니다. 그들은 주어진 시간에 최대한 많은 퍼트를 치려고 노력할 뿐 각 퍼팅을 온전히 의도하고 집중해서 치지도 않습니다.

● **마인드셋 전략**

완벽한 퍼팅에 성공한 자신을 상상하라!

자신의 퍼팅 실력이 어느 정도라고 생각하나요? 퍼팅을 잘한다고 생각하나요, 못한다고 생각하나요, 아니면 평균이라고 생각하나요? 퍼터에 대한 자신의 이미지가 플레이 수준이나 연습량에 따라 달라지나요?

퍼터로서 자신의 이미지가 좋았던 때를 떠올려보세요. 자신의 퍼팅에 대해 어떻게 생각했나요? 퍼팅을 잘한다고 생각하게 된 계기는 무엇인가요? 어떤 경험이 자신감을 갖는 데 도움이 되었나요? 당시 어떤 느낌과 생각을 하고 있었는지 떠올려보세요. 최선을 다해 퍼팅했던 라운드를 떠올려보세요. 자신감 있게 플레이하고 다음 라운드에서 퍼팅을 잘하는 자신을 경험해보세요.

 Try This!

퍼팅에 관한 모든 경험을 종이에 적어보기

퍼팅에 대한 긍정적인 경험과 부정적인 경험을 모두 떠올려보세요. 첫 번째 칸에는 퍼터로서 자신이 가지고 있는 긍정적인 특성을 적으세요. 다른 한 칸에는 자신이 가진 부정적인 특성을 적으세요. 긍정적인 특성을 키우고 부정적인 특성을 바꾸기 위해 노력하세요. 이렇게 하면 더 나은 퍼터가 되는 길로 나아갈 수 있습니다.

마인드세팅의
첫걸음, 태도

"I CAN DO EVERYTHING!"

　태도는 골퍼들이 가장 오해하고 간과하는 개념입니다. 긍정적인 태도는 낮은 스코어를 내고 있더라도 더 나은 플레이를 하는 데 필수적입니다. 위대한 퍼터들은 긍정적인 생각과 감정이 퍼팅 성공에 미치는 영향을 잘 알고 있습니다. 그린에서 긍정적인 태도는 최고의 퍼팅을 위한 첫걸음입니다. 하지만 대부분의 골퍼에게 훌륭한 태도는 그렇게 쉽게 또는 금방 생기지 않습니다. 빗나간 퍼트, 홀을 돌아 나간 퍼트, 3퍼트 등의 부정적인 이미지로 인해 골프 성공에 대한 큰 꿈이 무산되는 경우가 많습니다.

긍정적 마음가짐 선택하기

《웹스터 사전》은 태도를 다음과 같이 정의합니다. '어떤 일에 대한 정신적 입장이나 느낌', 또 다른 일반적인 정의는 '그 감정을 뒷받침하는 어떤 것에 대한 느낌이나 관점'입니다. 퍼팅과 플레이를 잘하려면 골퍼는 먼저 긍정적인 퍼팅 태도의 중요성을 이해해야 합니다. 훌륭한 퍼팅 태도에 대한 당신의 정의는 무엇인가요? (여기서 멈추고 지난 라운드에 대해 생각해보세요.) 당신의 태도가 그린에서의 퍼포먼스에 도움이 되었나요, 아니면 방해가 되었나요? 이 글을 읽으면서 긍정적인 퍼팅 태도에 대한 자신만의 정의를 내려보세요.

마음의 힘은 무한합니다. 골프를 치는 사람은 대부분 비슷한 두뇌 능력과 신경 기능을 가지고 있습니다. 자신의 잠재력을 최대한 발휘하는 사람은 직업적 노력에 관계없이 성공할 수 있습니다. 골프를 치는 사람은 누구나 훌륭한 태도(또는 삶의 자세)를 기를 수 있습니다. 당신은 하루(또는 라운드)를 시작할 때 자신의 태도를 선택할 수 있는 능력을 가지고 있습니다. 이제, 게임은 골프 코스와 내면의 투쟁이 벌어지는 '경쟁의 장'이 됩니다. 게임을 더 높은 수준으로 끌어올리려면 긍정적인 태도를 갖기로 결심함으로써 더 나은 플레이를 할 수 있도록 마음을 활용해야 합니다.

"우리 세대의 가장 위대한 발견은
인간이 마음가짐을 바꿈으로써
자신의 삶을 바꿀 수 있다는 것이다."

_ 윌리엄 제임스(존-로저, 1989), 현대 심리학의 아버지

　인간에게는 자신의 운명을 통제할 수 있는 힘이 있습니다. 하지만 많은 사람들은 꿈을 이루기 위해 스스로 행동하지 않습니다. 퍼팅에서 특히 이러한 태도가 두드러집니다.
　많은 골퍼가 자신의 퍼팅 실력을 탓합니다. 만약 골퍼들이 두려움 없이, 자기비판 없이 자유롭게 퍼팅하는 법을 배울 수 있다면 퍼팅을 즐기게 되고 퍼팅 실력도 향상될 것입니다. 특히 성적을 내야 한다는 상당한 '압박감'을 가진 선수에게는 긍정적이고 자신을 지지하는 태도가 큰 도움이 됩니다.
　퍼팅 하면 가장 먼저 떠오르는 것은 무엇인가요? 퍼팅을 대하는 당신의 태도가 경기에 도움이 되나요? 스스로를 응원하고 있나요? 긍정적이며 기운을 북돋고 있나요? 아니면 부정적인 생각과 퍼팅 실패에 대한 두려움으로 가득 차 있나요? 그렇다면 점검이 필요합니다. 클럽 챔피언십에서 우승할 수도 있을 만큼 대단한 퍼팅 능력이 자신에게 있다는 사실을 의심하나요? 의지력만으로도 완벽한 퍼팅을 할 수 있다는 자신감이 있나요? 퍼팅은 골프 스포츠에서 가장 큰 승부처입니다. 퍼팅은 어린 골퍼들 중에서 어른

골퍼를 걸러내고, 배짱이 있는 골퍼와 배짱이 없는 골퍼를 구분하는 요소입니다.

부정적인 마음은 재능도 갉아먹는다

모든 골퍼는 경쟁의 열기 속에서 퍼팅을 할 때 한 번쯤은 자기의심과 불안에 직면합니다. 많은 선수가 하나의 퍼팅이 성공하느냐 실패하느냐에 따라 마음속 태도가 달라질 수 있다고 말합니다. 예를 들어 1940년대와 1950년대에 퍼팅 그린에서 다혈질적인 성격을 보였던 이반 간츠라는 위대한 선수가 있었습니다. 한번은 이반이 0.6m도 안 되는 퍼팅을 놓쳤습니다. 그는 주먹을 불끈 쥐고 자신의 턱을 때렸고, 그것으로 충분하지 않으면 퍼터를 공중으로 높이 던지고 그 밑에 서서 퍼터가 자신의 머리 위로 떨어지기를 기다렸습니다. 떨어지는 퍼터가 그를 때리지 않으면 그는 다시 같은 행동을 반복하며 자신을 처벌했습니다. 이런 일은 한 번이 아니라 여러 번 일어났습니다. 그는 '크레이지 이반'과 '이반 더 테러블'이라는 별명을 얻었습니다.

슬프지만 사실인 것은 이반 간츠가 그 시대 가장 재능 있는 선수 중 한 명이었다는 겁니다. 하지만 이반은 샘 스니드, 지미 데마렛, 벤 호건 같은 스타플레이어의 잠재력에 도달하지 못했고, 가끔 그들을 물리치기는 했습니다. 이반이 감정을 조절하고 긍정적인 퍼팅 태도를 갖췄다면 얼마나 많은 골프 대회에서 우승했을지 누가 알 수 있을까요? 몇 년 후, 이반은 자신의 커리어를 되돌아보며 "감정을 통제하고 스윙과 나머지 경기에 임하는 태도에 절반만 더 노력할 수 있었다면 좌절과 상심 대신 훨씬 더 많은 우승컵과 상금을 집으로 가져갈 수 있었을 것"이라고 말했죠.

> "자신의 태도를 스스로 결정하라.
> 다른 사람이 대신 결정하도록 내버려두지 말라."
>
> _ H. 잭슨 브라운 주니어(1991), 작가/철학자

올바른 선택이란?

올바른 퍼팅 습관에 도달하기 위한 핵심은 긍정적인 태도를 갖는 것입니다. 많은 플레이어가 처음에는 긍정적인 태도로 시작하지만 라운드가 진행되면서 부정적인 태도로 변하기 때문이죠. 이런 선수들은 타인에게 자신의 태도를 선택하도록 내버려두는 실수를 저지르는데 그 태도는 대개 부정적인 경우가 많습니다. 스포츠 심리학에서는 이를 '자기 자신에 대한 심리 조종'이라고 부릅니다. 친구들과 라운딩을 하다가 누군가 "세상에, 오늘 퍼팅이 형

편없네!"라고 말한 적이 얼마나 있었나요? 또는 "와, 오늘 퍼팅이 안 되는구나, 그렇지?"라고 말한 적이 있나요? 이런 말이 자신감에 어떤 영향을 미쳤나요? 경기력에 영향을 미치지 않았거나 다른 사람의 영향을 받지 않았다면 다행입니다! 하지만 일부 플레이어의 경우 이러한 행동이 자신감은 물론 그날의 퍼트 성공 확률까지 심각하게 떨어뜨립니다. 종종 선수들은 다른 사람들의 말을 그대로 진실로 받아들이곤 합니다.

이러한 에피소드는 운동장, 놀이터, 골프 코스에서 매일 일어나지만, 여러분에게는 이런 일이 일어나지 않아야 합니다. '나쁜 태도'를 가진 사람이 자신의 '퍼팅 부정주의'를 여러분에게 똑같이 적용한다면, 여러분은 어느새 그들의 태도와 형편없는 퍼팅을 그대로 받아들이게 될 테니까요.

이러한 '자기 자신에 대한 심리 조종'이 일어나는 상황에서는 여러분의 마음속에 다른 사람의 부정적인 정보를 차단하는 벽을 만들어야 합니다. 퍼팅 그린에서 아직 일어나지 않은 좋은 일들을 계속 떠올리세요. 언젠가는 퍼트가 떨어지고, 생각과의 싸움에서 이길 수 있으며, 궁극적으로 훌륭한 퍼팅 태도를 구축할 수 있다고 생각해야 합니다.

여러분은 좋은 태도를 개발하고 강화해야 합니다. 다른 사람들의 말에 영향을 받지 않아야 합니다.

다른 사람의 부정적인 말을 마음에 새기면 그 사람의 부정성을 받아들이게 되는 셈입니다. 유명한 대학 농구 코치인 존 우든은 "성공과 실패의 유일한 차이점은 성공이냐 실패냐를 스스로 결정한다는 것을 인정하는 것이며, 성공한 사람들은 성공을 스스로 결정한 유일한 사람들"이라고 말했습니다.

골든 애티튜드

퍼팅을 잘하는 '비결'이 하나 있다면, 그것은 바로 완벽한 의도와 집중력으로 퍼팅에 임하고, 구체적인 계획이나 전략을 염두에 두고, 자신의 능력을 믿으며, 원하는 곳에 공을 퍼팅하고, 결과를 받아들이는 것입니다.

> "무엇을 할 것인지 결정한 다음 실행에 옮겨라."
> _ 바비 로크(파머, 1986), 《위대한 퍼팅》 중에서

이러한 유형의 사고를 황금처럼 위대하고 고귀하다는 의미로 '골든 애티튜드'라고 부릅니다. 이 태도는 새로운 퍼팅을 할 때마다 열정, 희망, 긍정적인 기대, 성공할 수 있다는 자신의 능력에 대한 믿음으로 자신을 채우는 것을 말합니다.

매 샷마다 '골든 애티튜드'를 실천하면 '과거와 부정적인 것'이

아닌 '현재와 새로운 것'에 온전히 집중할 수 있습니다. 또한 이전에 놓친 퍼트나 홀을 돌아 나간 퍼팅으로 인해 스스로를 괴롭히는 대신 퍼트를 하는 과정에 집중할 수 있도록 도와줍니다. 퍼팅을 할 때마다 "이건 들어갈 거야" 또는 "이게 바로 나를 움직이게 하는 퍼팅이야!"라는 감이 든다면 퍼팅 실력이 얼마나 좋아질지 상상해보세요. 항상 이런 생각을 한다면 퍼팅이 얼마나 더 잘될까요?

투어 프로들은 특히 퍼팅에서 자신감의 미묘한 느낌을 잡기 위해 끊임없이 노력한다고 말하기도 합니다. 프로 선수와 아마추어 선수들과 함께 일하면서 우리는 항상 그들의 잠재력을 끌어올릴 수 있는 열쇠를 찾아내려고 노력합니다. 퍼팅이 잘되지 않으면 항상 '자신감 부족'이라는 단어가 떠오릅니다. 스스로에 대한 자신감과 믿음은 최고의 잠재력을 발휘하는 데 반드시 필요합니다.

> "퍼팅에서 가장 중요한 것 중 하나는 자신감이다.
> 퍼팅을 성공하고 싶어도
> 성공할 수 없다고 생각하면 안 된다."
>
> _ 다니엘 아마카페인, LPGA 투어

PGA 투어에서 벌어들인 상금 다음으로 가장 중요한 성적 통계 중 하나는 라운드당 평균 퍼트 수입니다. 이는 "드라이브는 쇼, 퍼트는 머니"라는 격언이 단순히 지나치게 많이 사용되는 상투적 표현이 아니라 골프라는 멘탈 게임에서 아주 중요한 부분임을 증명합니다. 하지만 가장 중요한 통계를 측정할 수 있다면 '자신감'이라고 생각합니다.

 잠재력 있는 많은 골퍼(그리고 퍼터)가 부정적인 생각으로 퍼팅을 망치는 것은 매우 안타까운 일입니다. 대부분의 골퍼들은 퍼팅을 해야 한다는 압박감에 시달려 퍼팅을 죽느냐 사느냐의 상황으로 만듭니다. '골든 애티튜드'를 채택하면 모든 퍼팅이 새로운 경험이 되고 '한 번에 하나씩'이라는 격언을 쉽게 따라 할 수 있습니다. 모든 퍼팅에서 100%의 노력을 기울이고 무슨 일이 일어나든 그 결과에 승복한다는 철학을 실천하세요! 이러한 사고방식은 실천하기 어렵지만, 이를 받아들이면 퍼팅이 달라지기 시작할 겁니다.

 일반적으로 골퍼들은 긍정적인 태도로 라운드를 시작하지만 퍼트를 몇 차례 놓치고 나면 자멸하는 경향이 있습니다. 처음에는 긍정적인 생각과 자신감으로 가득 차 있다가도 초반에 퍼팅을 놓치거나 기대에 미치지 못하면 그런 생각과 감정을 포기하게 되지요. '골든 애티튜드'를 사용하고 긍정적인 마음가짐으로 무장하면 최고의 퍼팅을 할 수 있습니다.

셀프 토크; 말의 힘을 믿는다

새로운 태도를 개발하려면 긍정적인 단어를 사용하여 자신과 자신이 처한 상황을 묘사하는 방법을 배워야 합니다. 스스로에게 보내는 메시지는 곧바로 태도에 영향을 미치기 때문에, 말은 치유의 마법이 될 수도 있고 상처를 입히는 단검이 될 수도 있습니다. 우리 모두는 라운드 중에 자신과 자주 대화를 나누는데, 이를 '셀프 토크'라고 합니다. 이때 사용하는 단어는 긍정적일 수도 있고, 부정적일 수도 있겠지요. 당신은 퍼팅 그린에서 자신을 격려하는 긍정적인 셀프 토크를 하시나요, 아니면 결과나 노력을 비판하는 부정적인 셀프 토크를 하시나요?

하루 동안 스스로에게 하는 말을 모니터링해보세요. 스스로에게 얼마나 긍정적이거나 부정적인 말을 하는지 확인해보는 겁니다. 클럽 챔피언십 우승을 위해 18번 그린에서 버디 퍼팅을 하고 있다면 "좋아, 이번 퍼트도 오늘 했던 다른 퍼트들과 똑같고 퍼팅이 잘되고 있으니 이번 퍼트도 들어갈 거야!"라고 스스로에게 말하시나요? 아니면 "이번 퍼트는 망치지 마. 과거에 너무 많이 망쳤잖아!"라고 말하시나요?

부정적인 셀프 토크는 터지기만을 기다리는 시한폭탄과 같습니다. 이러한 대화는 실패와 자기 의심의 씨앗을 키우는 셈이지요. 여러분이 사용하는 말의 유형이 당장 퍼팅에 해를 끼치지는 않겠지만, 결국에는 부정적인 생각의 씨앗이 여러분의 자신감을 약화하기 시작합니다. (9장에서 부정적인 사고와 실패에 대한 두려움에 대해 설명합니다.) 분명한 사실은 말이 우리의 행동에 영향을 미친다는 겁니다.

'(듣기 좋은) 언어'로 스스로에게 말할 때 행동이 긍정적으로 바뀌게 마련입니다. 다음과 같이 스스로에게 말할 때 스스로를 도울 수 있어요. 그러니 "괜찮아, 조금만 참으면 퍼트가 떨어질 거야!" 또는 "자, 지금 하고 있잖아. 괜찮아, 인내심을 갖고 퍼트에 집중해!"라고 말하세요. 이것이 지루한 퍼팅 시간을 견디는 데 도움이 됩니다. 또한 긍정적인 어조와 의미를 가진 단어는 인내심과 침착성을 키우는 데에도 도움이 됩니다. 인내심과 침착함은 긴장을 풀고 집중하는 데 훨씬 효과적으로 작용하기 때문이죠. 자신감과 성공의 씨앗을 심는 단어를 사용하여 좋은 감정의 순환을 시작하세요.

> **퍼팅 직전에 스스로에게 하는 말이
> 성공과 실패를 결정짓는 경우가 많다.**

동화 '꼬마 기관차 이야기'

'꼬마 기관차야, 너도 할 수 있어'라는 어린이 동화는 긍정적인 태도를 기르는 것에 관한 이야기입니다. 이야기는 다음과 같이 시작됩니다. 친구들에게 인정받고 싶었던 꼬마 기관차가 있었어요. 기차역에 있는 그 누구도 꼬마 기관차에게 기회를 주지 않았고, 그가 기관차라는 사실을 인정하지도 않았습니다. 그러던 어느 날 다른 열차들은 모두 운행이 중단된 상태에서 중요한 임무가 기차역으로 떨어졌습니다. '꼬마 기관차'의 임무는 거대한 산을 넘어 반대편에 있는 사람들에게 보급품을 가져다주는 것이었지요. 가는 도중에 꼬마 기관차는 큰 산을 넘을 수 있을지 의구심이 들기 시작했습니다. '나보다 크고 경험이 많은 다른 기차들도 산을 넘지 못했는데, 내가 이 산을 넘을 수 있다고 생각하는 게 말이 되나?'라고 혼자 생각하기 시작했죠. 이런 생각은 꼬마 기관차가 마침내 '어쩌면 할 수 있을지도 몰라!'라고 생각할 때까지 계속되었습니다. 꼬마 기관차는 혼잣말로 "할 수 있을 것 같아, 할 수 있을 것 같아!"라고 말했어요. 이런 생각은 큰 산을 오르는 동기를 부여하는 데 도움이 되었습니다. 꼬마 기관차는 항상 할 수 있다고 스스로에게 되뇌며 계속 올라갔어요. 포기하고 싶을 때도 굴복하지 않았습니다. 어느새 꼬마 기관차는 정상에 도착해 위대한 산의 반대편에 이르렀고, 시간을 단축하기 위해 서둘러 앞으로 나아갔습니다.

  이 이야기의 교훈은 긍정적인 태도야말로 원하는 목표를 향해 나아갈 수 있는 절대적 기회를 준다는 겁니다. 여러분은 자신이 '꼬마 기관차'인데 아무도 기회를 주지 않았거나 큰일을 해낼 능력이 있다고 생각하지 않았던 적이 몇 번이나 있었나요? "할 수 있다"라는 말을 사용하기로 마음먹으면 적어도 시도해볼 수 있는 특권이 주어집니다. "할 수 있다"는 의지는 오래 지속되는 퍼팅 성공을 위한 출발점을 제공합니다.

  골퍼들이 "난 못 해"라고 말할 때 실제로는 "안 할 거야" 또는 "성공할 기회를 나 스스로에게 주지 않을 거야"라고 말하는 셈입니다. 퍼팅을 못 하는 골퍼들은 이렇게 변명하곤 합니다. "퍼팅이 안 돼!", "그린이 너무 울퉁불퉁해", "그린이 너무 빨라" 등 실패를 미리 예상하는 여러 가지 변명을 늘어놓습니다. 이런 선수들은 스스로에게 최선을 다해 퍼팅할 기회를 주지 않는 것과 같습니다. "할 수 없어"라는 말 대신 "할 수 있어"라는 말을 사용하고 긍정적인 태도를 가질 기회를 스스로에게 주세요.

무엇이든 할 수 있다

  사람들이 저희에게 가장 먼저 묻는 질문은 "어떻게 하면 퍼팅을 더 잘할 수 있을까요?" 또는 "어떻게 하면 더 자신감 있는 퍼터가 될 수 있을까요?"입니다. 특별한 지름길이 있다고 할 수는 없지만, 한 가지 확실한 것은 이번 라운드 중에 반드시 해낼 수 있다는 마음가짐으로 시작하지 않으면 수렁에서 빠져나와 좋은 퍼터가 될 기회를 얻지 못한다는 것입니다. 퍼팅에 다시 흥미를 느끼고 진정으로 나아지길 원한다면 여러분은 성공적으로 퍼팅을 할 수 있는 방향으로 나아가고 있는 겁니다.

"모든 것을 시도하라"는 말은 정말 훌륭한 퍼팅 이론입니다. 그러나 퍼팅이 잘 안 되고 재능이 부족하다고 생각하는 분들에게는 "모든 것을 만들어보자"는 격언은 효과가 없을 겁니다. 여러분의 퍼팅 잠재의식은 "모든 것을 만들어보자"라는 생각을 받아들일 준비가 되어 있지 않기 때문에 퍼팅을 제대로 할 수 없을 테니까요. 존경받는 골프 교습가인 밥 토스키의 말처럼 "코끼리를 먹을 수는 있지만, 한 번에 한 입씩" 먹어야 합니다.

'모든 것'을 만들기 전에 '무언가'를 미리 만들었거나 최소한 몇 개는 만들어놔야 합니다. 퍼팅을 연습하고, 퍼팅이 홀에 들어가는 것을 반복해서 보고, 긍정적인 자기 대화를 사용해야 합니다. 자신의 개선 사항을 기록하여 좋은 퍼팅을 강화하세요. 성공적인 퍼팅 경험에 대한 기억을 쌓아 여러분의 기억 은행에 저장함으로써 이를 강화할 수 있습니다. 이는 60cm 이상 지나가는 퍼팅을 하지 않는 것을 의미할 수 있습니다. 성공적인 경험을 바탕으로 시작하는 것이 가장 좋은 방법입니다. 0.6m 퍼팅부터 시작해서 0.9m, 1.2m, 1.5m 등 긴 퍼팅으로 옮겨가며 퍼팅을 할 수 있다는 생각을 강화하세요.

> **코스에서 성공했던 장면을
> 생생하게 기억 속에 저장해놔라!**

"나는 더 나은 퍼팅을 향해 나아가고 있다"는 마음가짐을 가지면 게임의 태도가 자연스럽게 변화합니다. 오늘 시작하세요. 지금 시작하세요. 퍼팅에 대한 '골든 애티튜드'를 도입할 수 있는 특권을 자신에게 부여하세요. 자신의 강점을 부각시킬 수 있는 확신에 가득찬 긍정적인 단어를 사용하세요. 오늘 자신이 최고의 퍼터가 되기로 결심했다고 스스로에게 말하세요! 모든 위대한 퍼터들은 공이 컵에 들어가지 않더라도 퍼팅을 잘할 수 있다고 끊임없이 스스로에게 상기시킨다는 사실을 기억하세요.

태도를 바꾸는 방법

태도를 어떻게 바꿀 것인지 집중해서 생각해보십시오. 그리고 자신과 자신의 상황을 설명할 때 사용하는 단어의 유형을 모니터링하세요. 퍼팅에 대해 이야기하거나 생각할 때마다 긍정적이고 힘을 실어주는 단어만 사용하세요. 그린이나 퍼팅 스트로크에 대해 불평하지 마세요. 플레이하지 않을 때에도 항상 퍼팅하는 자신의 모습을 상상해보세요. 공을 스트로크하는 작업에 집중할수록 퍼팅이 더 쉬워집니다.

컵 안에 들어갈지 들어가지 않을지에 대해서는 생각하지 마세요. 오직 내가 생각해둔 라인을 따라 공이 지나가는지, 라인을 벗어나는지에만 집중하세요.

4장
원퍼트 마인드셋
(one-putt mindset)

자신감, 자신을 믿는 기술

　축구, 농구, 야구, 골프 등 모든 스포츠에서 성공한 운동선수들은 항상 자신감의 중요성에 대해 이야기합니다. 자신감이 있는 사람은 자신을 신뢰하고 믿으며, 이는 자신을 대하는 태도에서 드러납니다. 최고의 운동선수들은 특별한 신체적, 정신적 능력을 가지고 있으며 이 탁월함에 대한 높은 기대치 또한 가지고 있습니다. 뛰어난 스포츠 성취의 공통점이 있다면 그것은 바로 자신의 능력에 대한 선수의 자신감일 겁니다.

　데이비드 헤머리(1986)는 골프의 거장 아놀드 파머를 포함한 여러 종목의 최고 선수 63명을 인터뷰하여 성취도가 높은 운동선수들의 공통적인 특성을 연구했습니다. 헤머리는 86%에 달하는 선수들이 자신만의 가장 큰 장점은 자신감이라고 답했다는 사실을 발견했습니다.

스포츠 심리학 컨설턴트인 톰 핸슨 박사(1992)는 야구 역사상 가장 위대한 타자 5명을 인터뷰하여 다른 경쟁자들과 차별화되는 점을 파악했습니다. 성공에 이르는 방법에 대한 각 선수의 관점은 다르지만 한 가지 공통점은 매일 매일, 시즌마다 자신의 능력에 대한 자신감과 믿음이 있었다는 겁니다.

모든 선수는 경쟁에서 '우위'를 점하기 위해 노력하고 개인적인 숙달과 능력에 대한 감각을 심어주기 위해 훈련하지만, 자신감은 많은 사람들에게 덧없는 것이 될 수 있습니다. 자신감은 경쟁에서 뿐만 아니라 인간 존재의 다른 모든 영역에서 엄청난 자산이 될 수 있지만, 자신감을 잃으면 치명적인 결과를 초래할 수 있습니다. 이처럼 자신감은 뛰어난 운동 능력의 핵심입니다.

자신감이 가장 중요하다!

골프는 자신감의 정도에 따라 경기력이 달라진다는 점에서 다른 스포츠와 유사합니다. 대부분의 사람들은 골프선수가 매일 끊임없이 변화하는 환경에서 경기하는 운동선수라는 사실을 잊고 있습니다. 골퍼는 다양한 코스에서 다양한 플레이와 날씨 조건 등 여러 가지 도전에 직면하며 플레이해야 합니다. 또한 골퍼는 다른 스포츠에는 없는 산만함, 심리적 압박감, 독특한 도전에 노출되는 인간이기도 합니다. 이렇기에 골프를 하는 다른 스포츠 선수들은 골프가 강렬한 심리적, 육체적 요구 때문에 지금까지 해본 운동 중 가장 어려운 운동이라고 이야기합니다.

특히 심리적 어려움은 일관되게 높은 수준의 자신감을 가지고 골프를 쳐야 한다는 점입니다. 베테랑 선수라면 누구나 자신감을 유지하는 것이 골프에서 가장 큰 싸움이라고 말할 것입니다. 이 싸움에서 승리하려면 퍼팅 그린에서 어떻게 경기를 하는지가 더욱 중요합니다.

> "세상에서 가장 완벽한 퍼팅 스트로크를 구사한다 해도
> 자신감이 없으면 원하는 결과를 얻을 수 없다.
>
> _ 톰 카이트(1990), PGA 투어

자신감은 사람들에게 많은 것을 의미하는 말입니다. 골퍼 10명에게 자신감의 정의를 물어보면 신뢰, 자신에 대한 믿음, 강인한 신념 등 10여 가지의 다양한 대답이 나올 수 있습니다. 누군가에게는 자신감이 무엇이든 할 수 있고 잘할 수 있다고 생각하는 것과 같은 글로벌한 개념일 수 있습니다. 또한 높은 자신감은 특정

작업을 수행해낸다는 의미이기도 하지요.

두 가지 관점 모두 정확하지만 대부분의 스포츠 심리학자들은 자신감이란 과제를 완수할 수 있다는 믿음이라고 정의합니다. 진정한 자신감은 퍼팅에 성공할 수 있다는 것을 진정으로 알고 있다고 말하는 종류의 자신감입니다.

골퍼들은 종종 자신감을 느끼고 그것을 드러내는 것에 대해 이야기하지만, 지속적인 자신감은 성공하고 원하는 결과를 만들어냄으로써 생성됩니다. 사람은 자신감을 느끼기 위해 몇 가지 성공적인 퍼포먼스가 있어야 합니다. 성취는 자신감의 근간이 되는 요소이니까요. 성공보다 더 빠르게 자신감을 키우는 것은 없습니다. 자신감은 결과를 통해 가치를 얻을 수 있을 때, 그리고 그것이 성공할 때 더욱 상승합니다.

자신감은 하나의 순환 과정입니다. 하지만 그 순환은 어디서 시작되며, 어떻게 자신감을 키울 수 있을까요? 훌륭한 퍼팅과 높은 자신감 중 무엇이 먼저일까요? 닭과 달걀 이야기를 들어보신 적이 있으신가요? "나는 퍼팅을 할 수 있다" 또는 "나는 나 자신, 그리고 나의 퍼팅을 믿고 싶다"는 퍼팅 마인드셋으로 시작하지 않는다면 실력 향상의 기회를 얻지 못할 겁니다.

저명한 스포츠 심리학 컨설턴트인 밥 로텔라 박사(1986)에 따르면 퍼팅 자신감은 외부에서 시작하여 내부로 작용하는 것이 아니라고 합니다. 오히려 퍼팅 자신감은 내면에서 시작하여 퍼팅 그린에서 공을 홀컵에 넣거나 성공적인 퍼팅을 통해 외적으로 드러나며, 이를 통해 자신감이 더 커진다고 합니다. PGA 투어 선수인 도니 해먼드는 퍼팅을 하기 전에 자신을 믿어야 한다고 말합니다. "퍼팅을 잘하려면 일단 퍼팅을 해야 하는데, 퍼팅을 시작하는 데 도움이 되는 것은 '나는 퍼팅을 잘한다, 퍼팅을 해야 한다'고 스스로에게 말하는 겁니다. 그런 다음 퍼팅을 시작하고 더 많은 퍼팅을 성공시키면서 자신감을 갖게 되지요."

지역 대회에서 우승하거나 역대 최고 스코어를 달성하기 위해 중요한 퍼팅이 필요하다면 어떻게 해야 할까요? 대부분의 플레이어는 "이 퍼트만 성공하면 자신감이 생길 거야!"라고 말할 겁니다. 반대로 자신은 이미 좋은 퍼터이며 공이 컵에 들어갈 수 있도록 최선을 다할 것이라는 철학을 가진 선수라면 더 큰 도움이 되겠지요. 계획을 선택하고, 퍼포먼스 신호에 집중하고, 계획에 전념하고, 결단력 있게 공을 치는 것, 이것이야말로 자신에게 주는 기회의 열쇠입니다. 또 다른 방법은 무능과 절망이라는 악마와 계속 싸우는 것입니다.

이러한 접근 방식은 스스로에게 힘을 실어주는 겁니다. 훌륭한 퍼팅은 내면의 자신감을 키우고 강화하여 그 내면의 힘을 그린에서의 퍼팅 능력으로 보여주는 것에서 시작되니까요.

자신감과 숙련된 퍼팅은 함께 자란다

앞서 성공만큼 자신감을 키우는 것은 없다고 언급했습니다. 그런데 퍼팅 자신감은 순환하는 사이클입니다. 이 사이클은 플레이어가 자신과 자신의 퍼팅 스트로크를 믿고 연습해온 자신을 신뢰하는 것에서 시작됩니다. 스트로크를 극도의 연습을 통해 숙련될 만큼 반복하면 실력으로 이어집니다. 퍼팅 실력은 그린에서의 자신감으로 이어지기 때문에 퍼팅 자신감 사이클에서 매우 중요합니다. 퍼팅 능력이란, 공을 홀컵에 떨어뜨리거나 15m 퍼팅을 "OK"에 가깝게 보내는 능숙함을 의미합니다.

퍼팅 능력에는 퍼터 페이스를 정확하게 조준하고 의도한 라인에 공을 확실하게 스트로크하는 능력도 포함됩니다. 심리적 퍼팅 역량에는 그린을 읽고, 브레이크를 판단하고, 거리와 속도에 대한 감각을 갖고, 전체 과정을 창의적으로 상상해보는 능력이 포함됩니다. 이러한 퍼팅 능력의 구성 요소는 퍼팅에 대한 자신감을 키우는 데 필수적입니다. 골프에서 자신감과 실력은 떼려야 뗄 수 없는 관계이지만, 실력은 자신감의 기본 요소이지요.

긍정적 퍼팅 사이클 이해하기

긍정적인 퍼팅 사이클은 퍼터를 잘 치든 못 치든 퍼팅을 잘할 수 있다는 기본적인 믿음에서 시작됩니다. 이 믿음은 긍정적인 연습 계획의 시작입니다. 연습하면 퍼팅 실력은 당연히 좋아집니다.

효과적인 퍼팅 연습은 심리적, 신체적 퍼팅 능력을 향상시킵니다. 코스에서 퍼팅을 시도할 때 퍼팅에 대한 자신감이 생기니까요. 자신감이 커지면 긍정적인 감정이 생기고, 이는 퍼팅을 잘할 수 있다는 믿음을 더욱 확고히 합니다. 긍정적인 사이클이 계속되면 앞으로 성공 가능성이 높아집니다. 이 사이클은 퍼팅에 실패하더라도 긍정적인 방향으로 진행되니까요.

> "자신감은 퍼트 성공으로부터 나온다.
> 퍼팅에 성공해야 자신감이 생긴다. 긍정적인 결과를 얻어야 한다."
>
> _ 빌 글래슨, PGA 투어

자신감이 넘치는 선수들은 항상 긍정적인 퍼팅 사이클을 이어갈 방법을 찾습니다. 퍼트가 떨어지지 않더라도 긍정적인 선수는 인내심을 갖고 노력하면 언젠가는 보상을 받을 수 있다는 사실을 스스로에게 되새깁니다. 자신감 넘치는 플레이어는 긍정적인 자기 대화를 하고 퍼팅을 할 때가 되었다고 스스로에게 말합니다.

이는 퍼팅이 잘되지 않는다고 해서 부정적이거나 냉소적으로 변하는 것을 막는 데 도움이 됩니다.

농구 같은 스포츠에서는 코치들이 '슈터의 멘탈'에 대해 이야기합니다. 이는 연승 행진을 이어가고 있는 농구선수가 근본적으로 제대로 된 슈팅을 계속하면 결국 '슈터의 눈'을 유지하게 된다는 개념입니다.

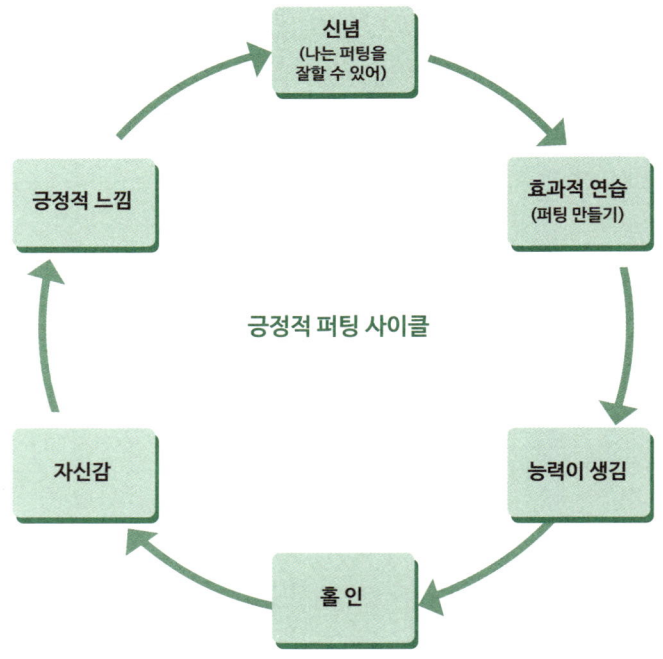

긍정적 퍼팅 사이클은 퍼팅 자신감을 발전시키고 향상시킨다.

대학의 프로 코치나 선수에게 물어보면 슛을 하기 싫어하거나 슛을 포기하는 선수는 벤치에 앉아 있는 선수라고 말할 겁니다.

그런데 골프도 마찬가지예요. 벤 크렌쇼가 퍼팅이 잘 안 되는 것을 발견하면 "오늘은 터치감이 별로 없으니 그냥 포기해야겠다"라고 스스로에게 말할까요? 뛰어난 퍼터들이 즉각적인 결과를 얻지 못했다고 해서 그냥 포기할까요? 절대 그렇지 않습니다. 그들은 퍼터를 조준하고, 발사하고, 이전 시도에 실패했음에도 성공할 수 있다고 믿고 다음 퍼팅으로 나아가는 승부사의 멘탈을 가지고 있습니다. 훌륭한 퍼터들은 홀에 살짝 못 들어간 퍼트에 대해 스스로에게 이렇게 말하며 긍정적인 피드백을 받습니다. "완벽하기에는 한 롤이 부족했어"라고 긍정적으로 생각하는 거죠. 반면에 부정적으로 생각하는 사람들은 "한 번 더 쳐야겠네"라고 말합니다. 자신감 있는 퍼터는 그린에서 자신감을 잃지 않을 수 있는 방향으로 생각하고, 느끼고, 행동합니다. 하지만 자신감이 부족한 선수는 실패에 대한 핑계를 찾습니다.

> "그것이 긍정적으로 작용하면 그것을 사용한다.
> 그것이 부정적이라면 버려야 한다."
>
> _ 비키 괴체, LPGA 투어

부정적 퍼팅 사이클 이해하기

성공이 성공을 낳는다면, 긍정적인 그림을 보지 못해서 실패하는 것만큼 퍼팅 자신감을 파괴하는 것도 없다고 말할 수 있습니다. 계속되는 실패는 자신감과 이전의 숙달된 경험의 여운이 사라질 때까지 골퍼의 내면을 파괴합니다. 부정적인 퍼팅 사이클에서 플레이어는 퍼터로서 자신에 대한 믿음이 거의 또는 전혀 없는 상태에서 시작합니다. 이는 연습을 하지 않거나 비효율적인 연습으로 이어지지요. 자신감을 키우는 대신 자기 의심을 키우게 됩니다. 자기 의심은 퍼팅 실수로 이어지고요. 퍼팅을 놓치면 자신감이 떨어집니다. 자신의 실력이 부족하다는 느낌은 퍼팅을 할 수 없다는 기본적인 믿음을 더욱 강화하지요. 이러한 선수는 자신의 스트로크 능력이 뛰어날 수는 있지만, 공을 안정적으로 퍼팅하는 데 필요한 신체적 조건이 마련되어 있어도 이 사실을 믿지 않으려고 합니다. 퍼팅을 통해 볼을 홀에 넣지 못하면 자신감이 떨어지고 부정적인 사이클이 강화됩니다.

어떤 선수들은 미스샷을 했을 때 스스로를 너무 혹독하게 다그쳐서 자신이 잘한 것에 대한 긍정적인 면을 전혀 보지 못하거나 스스로를 인정하지 못합니다. 그들은 좌절감을 느끼고 실망은 무능력감과 자기 믿음이 부족하다는 느낌을 심어줍니다. 부정적인 기류는 계속 이어집니다. 그 결과 플레이어는 비관주의와 좌절감

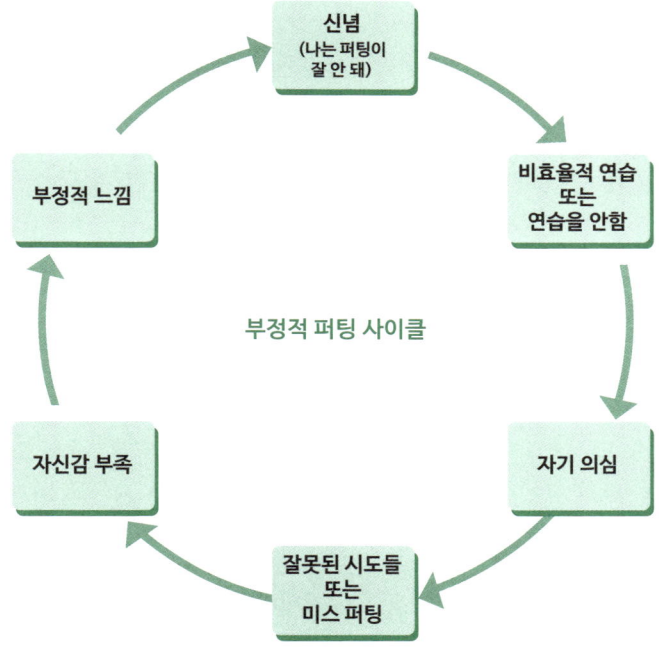

부정적 퍼팅 사이클은 자기 의심을 높이고 퍼팅 자신감을 떨어뜨린다.

으로 가득 차게 됩니다.

부정적인 퍼터는 자신이 퍼팅을 놓칠 것이라고 믿고, 놓칠 생각을 하며, 스스로를 방해하기 위해 할 수 있는 모든 일을 합니다. 그들은 퍼팅을 놓칠 것으로 예상하고 놓치는 데 성공합니다. 그 예상을 맞히는 일만 성공할 수 있겠죠. 이 사이클이 반복되면 퍼팅 미스는 고착화된 습관이 되어버리죠. 이 악순환은 한 번 시작되면

좀처럼 깨뜨리기 어렵습니다. 선수들은 슬럼프에서 벗어나기 위해 가능한 모든 방법을 다 써봤지만 효과가 없었다고 말하는 경우가 많습니다. 그들은 진짜 원인을 찾는 대신 스트로크 메커니즘이나 장비를 살펴보다가 결국 자신의 내면을 들여다봐야 한다는 걸 깨닫게 됩니다.

그린 위에서 '감' 찾기

한때 세계 정상급 퍼터였던 위대한 선수들이 예전에는 '감'을 가졌지만 시간이 흐르고 수년간 좌절하면서 '감'을 잃어버렸다는 이야기를 항상 듣습니다. 그들은 잃어버린 자신감을 되찾을 수 있는 완벽한 스트로크, 즉 '황금 퍼터'를 찾기 위해 끊임없이 노력합니다. 퍼팅 고민에 대한 해답을 찾기 위해 요령과 임시방편적인 치료법을 찾기도 합니다. 때때로 임시방편이 효과가 있기는 하지만 대개 단기적인 해결책에 불과하며 골퍼는 계속해서 해결책을 찾아야 합니다.

훌륭한 퍼팅과 퍼팅 자신감은 "할 수 있다"는 믿음에서 시작됩니다. 이는 자신을 믿고 원하는 것은 무엇이든 할 수 있다는 것을 받아들이는 내면의 힘입니다. '감'은 내 안에 있고 항상 존재해 온 그 무엇입니다. 놀라운 점은 '감'이 사라지지 않았다는 겁니다.

'감'은 절대 사라지지 않습니다! 선수들이 그 무언가를 잃는 유일한 순간은 스스로 '감'이 없다고 단념할 때입니다.

대부분의 선수에게는 교습이나 다른 퍼터, 조준과 정렬에 대한 비평이 더 이상 필요가 없습니다. 그들에게 정말로 필요한 것은 자신과 퍼팅 능력에 대한 믿음을 불어넣는 일입니다. 한 투어 프로는 "플레이어는 공이 홀을 돌아 나간 퍼팅은 일정 횟수 이상만 견딜 수 있다"며 "부정적인 그림은 자신감에 심각한 타격을 준 놓친 기회들을 반복적으로 보여주기 때문"이라고 말한 바 있습니다. 긍정적인 그림을 많이 볼수록 더 긍정적인 결과를 얻을 가능성이 높습니다. 자신감 있는 퍼터는 공이 홀에 들어가는 것을 상상합니다. 상상 속에서 형편없는 퍼터는 볼이 홀을 돌아 나가는 미스샷을 '보게' 됩니다.

당신은 이제 훌륭한 퍼터가 높은 수준의 자신감을 가지고 있다는 것을 잘 알게 되었을 겁니다. 하지만 퍼팅 자신감을 얻는 방법은 과연 무엇일지 궁금할 겁니다. 그 답은 궁극적으로 당신 안에 있습니다. 성공의 잠재력을 발휘할 수 있는 열쇠를 찾아 그것을 활용해야 합니다. 하지만 그 열쇠를 찾는 것이 항상 수월하거나, 항상 결과가 보장될 수는 없을 겁니다. 또한 노력한다고 해서 퍼팅 자신감이 빠르게 올라갈 리도 없습니다.

하지만 퍼팅 자신감을 높이고 싶다면 이는 노력할 만한 가치가 있고 그에 따르는 보상도 충분히 얻을 수 있을 것입니다. 5장에서는 자신감을 얻고, 향상하고, 재건하는 열쇠에 대해 알아보겠습니다.

 Try This!

자신감 강화를 위한 팁

자신감이 넘쳤던 때를 떠올려보세요. 퍼팅을 놓쳤을 때에도 자신감을 가질 수 있었던 비결은 무엇이었나요? 퍼팅에 대한 자신감이 완전히 생겼을 때는 어떤 느낌이었나요? 어떤 기분이었나요?

높은 자신감으로 퍼팅했을 때의 느낌, 생각, 감정을 적어보세요. 이러한 감정과 생각을 바탕으로 다시 퍼팅에 대한 자신감을 회복할 수 있도록 안내해보세요. 한 번 퍼팅을 성공했으면 다시 할 수 있다는 사실을 기억하세요.

자신감 강화 훈련

최고의 스트로크를 위한 열쇠

자신감은 다양한 방식으로 개발되지만 진정한 자신감은 성공을 위한 강력한 토대를 구축하는 데서 비롯됩니다. 뛰어난 퍼터들은 퍼팅 능력을 기르는 훈련과 연습을 합니다. 그들은 자신감을 높이고 거리 조절에 편안함을 느끼기 위해 그린에서의 터치를 개발하는 데 시간을 투자합니다. 그리고 그들은 최신 골프 전문가의 '빠른 팁'에 집착하지 않습니다. 훌륭한 퍼터는 퍼팅을 위한 자신만의 프리퍼트 루틴을 개발하여 게임에 대한 접근 방식을 단순화함으로써 자신감을 갖습니다. 마지막으로, 훌륭한 퍼터는 그린에서 내린 결정에 전적으로 의존함으로써 자신감을 키웁니다.

누구나 친구에게 조언을 해주는 것을 좋아하지요. 퍼팅을 잘하는 골퍼가 홀을 몇 개 남기고 퍼팅을 놓치면, 함께 플레이하는 동료는 다음과 같이 조언합니다.

"볼을 당기세요"라고 하면서 퍼터 헤드가 진자 모양으로 움직일 수 있도록 어깨의 위치를 바꿔야 한다고 이야기해줍니다. 대부분의 골퍼는 실수의 원인이 어디에서 시작된 것인지 생각하지 않고 다음 퍼팅에 변화를 줍니다. 반면에 현명한 플레이어는 퍼팅 스트로크를 바꾸지 않고 마지막 몇 번의 퍼팅을 점검합니다. 이를 통해 플레이어는 다른 사람의 조언에도 자신감을 잃지 않을 수 있죠. LPGA 스타 헬렌 알프레드슨은 "자신에게 좋은 것을 믿어야 한다고 생각합니다. 퍼팅이 잘되지 않을 때는 너무 많은 것을 찾거나 듣게 되고, 처리해야 할 요소들이 너무 많아져서 상황이 더 나빠지는 경향이 있거든요"라고 말하기도 했죠.

여러분은 이런 상황에서 어떻게 반응하나요? 여러분은 상대방의 조언을 잘 듣는 경향이 있나요? 아니면 자신에게 가장 좋은 방법과 퍼팅을 스스로 교정하는 방법을 알고 있나요? 좋은 의도로 조언하는 것일 수 있지만, 종종 잘못된 정보를 전달함으로써 게임에 더 큰 해를 끼칠 수 있습니다. 누구의 말에 귀를 기울일 것인지 주의하세요.

자신감의 뿌리는 언제나 기본기로부터

훌륭한 퍼터는 실력을 키움으로써 퍼팅 자신감을 위한 탄탄한 토대를 마련합니다. 퍼팅 방법에서 자신감을 주는 요소는 무엇일까요? 반복되는 스트로크일까요? 매번 안정적으로 퍼팅을 칠 수 있는 능력입니까? 거리를 정확하게 측정하는 능력인가요? 그린을 읽고 라인을 잘 볼 수 있는 능력일까요? 퍼팅에 필요한 신체적, 정신적 요건을 완벽하게 익히면 플레이어는 유능함이나 내면의 편안함을 느끼게 되고, 이는 코스에서의 자신감 향상으로 이어집니다.

자신감은 실력에 수반됩니다. 즉, 실력으로 이어지는 기술을 익히기 위해 퍼팅 연습을 해야 합니다. 다음은 퍼팅 자신감을 키우는 데 도움이 되는 몇 가지 영역입니다.

자신감 형성① 연습

대부분의 골퍼들은 퍼팅 연습을 별로 좋아하지 않습니다. 미국 최고 대학의 골프 코치들과 진행한 인터뷰에서 그들의 가장 큰 우려는 선수들이 퍼팅 연습을 충분히 하지 않거나 올바른 연습 방법을 모른다는 것이었습니다. 코치들은 대부분의 선수들이 퍼팅이 얼마나 중요한지 이해하고 좋은 연습 습관을 익힌다면 더 좋은 스코어를 기록할 것이라고 말했습니다. 프로들은 하루에 최소 1~2시간을 퍼팅 그린에서 보냅니다. 퍼팅을 잘하는 골퍼들은 감각을 유지하고 자신감을 강화할 만큼만 연습하기 때문에 이 수치는 진정한 퍼팅 실력을 반영하지 못할 수도 있습니다.

> **원하는 목표에 집중하면
> 긍정적인 태도로 퍼팅하는 데 도움이 된다.**

> "올바른 방법으로 꾸준히 연습하면
> 대부분 준비가 되어 있다고 느끼고 자신감이 생긴다."
>
> _ 비키 괴체, LPGA 투어

가장 중요한 것은 연습이 실력을 유지하고 강화하는 데 필수적이라는 점입니다. 또한 목적을 가지고 연습하는 방법을 배워야 합니다. 그린의 속도를 느끼기 위한 연습과 터치를 습득하기 위한 연습을 하세요. 팔과 어깨의 진자 동작을 익히고 적절한 힘 조절을 통해 거리를 측정하는 연습을 해야 합니다. 브레이킹 퍼트를 치기 위한 라인의 이미지를 시각화하는 연습도 하세요. 목적이 무엇이든 궁극적으로는 코스에서 자신감을 키울 수 있는 정신적, 육체적 역량의 수준을 끌어올리는 것이 필요합니다.

자신감 형성② 프리퍼트 루틴

 자신감을 위한 두 번째 비결은 체계적인 프리퍼터 루틴을 개발하는 겁니다. 루틴의 목적은 다른 생각은 하지 않고 오로지 퍼팅에만 집중할 수 있도록 마음을 고정하는 것입니다(7장 퍼팅 루틴 참고).

 이러한 루틴은 '반드시 성공해야 한다'는 압박감을 느낄 때 특히 중요합니다. 루틴은 퍼팅에 집중하고, 자신의 방법을 믿고, 자신의 결정을 신뢰하도록 도와주며, 부드럽고 리드미컬한 스트로크로 이어지게 해줍니다.

 루틴은 어떤 상황에서도 긍정적으로 게임에 집중할 수 있도록 도와줍니다. 그리고 많은 선수에게 편안함과 자신의 능력에 대한 신뢰감을 갖게 해주며, 결과적으로 자신감을 높여주지요.

자신감 형성③ 경험과 경쟁

 퍼팅 능력의 세 번째 요소는 경쟁이 치열한 골프 토너먼트에서 '긴장감 넘치는' 경기를 하는 데서 비롯됩니다. 클럽 챔피언십에서 중요한 퍼팅을 성공시키거나 최고의 라운드를 하는 것보다 더 큰 자신감을 얻는 방법은 없습니다. 퍼팅에 대한 자신감이 매우 낮은 플레이어에게 골프 토너먼트는 덫과 같고, 퍼팅은 빠져나갈 수 없는 함정이 되어버립니다. 대회에 대한 불안감이 퍼팅 자신감 저하를 더욱 악화시킵니다.

많은 아마추어 골퍼들이 지난 라운드에서 퍼팅이 좋지 않았다고 과장하고, 한 번의 퍼팅 실수가 자신감에 영향을 미치기도 합니다. 이것은 잘못된 심리 상태입니다. 과거에 있었던 일에 집중하다 보면 현재 샷을 할 때 부담감을 느낄 수밖에 없습니다. 현재 퍼팅에 다시 집중하여 생각한 대로 공을 치는 데 집중하고 부정적인 일에는 신경을 쓰지 마세요. 크든 작든 과거의 성공과 경험을 바탕으로 지금 이 순간의 퍼팅 자신감을 키우세요. 퍼팅에 대한 자신감을 불러일으키는 데 필요한 것은 단 한 번의 중요한 퍼트뿐이라는 사실을 명심하세요.

> "모든 퍼팅을 할 때마다
> 이것은 들어갈 퍼팅이라는 자세로 임해야 한다."
>
> – 마이크 모라건, 버지니아 대학교 골프 코치

자신감 형성 ④ 전념

자신감은 자신이 할 수 있다는 것을 믿는 데서 비롯됩니다. 자신감은 자신이 하고자 하는 일을 마음속으로 명확히 하고 그 계획에 전념하는 데서 비롯되지요. 훌륭한 퍼터는 모든 퍼팅을 위해 정신적, 육체적으로 항상 준비가 되어 있습니다. 그들은 자신의 계획에 최선을 다하는 것이 중요하다는 걸 알고 있으며, 준비를 위해 행동한 모든 것이 퍼팅 성공을 보장한다는 걸 믿습니다. 잭 니클라우스, 벤 크렌쇼, 밥 찰스, 게리 플레이어는 모두 의도한 목적이나 목표에 전념하는 것이 중요하다고 이야기합니다. 최대한 효율적으로 공을 홀에 넣는 것이 목적인 거죠.

"자신감은 과거에도 해냈고 앞으로도 할 수 있다는 것을
아는 데서 나온다."

_ 다니엘 아마카페인, LPGA 투어

자신의 재능에 대한 확신이 적고 성적이 좋지 않은 퍼터들은 항상 퍼팅에 100% 전념하지 않는 경향이 있습니다. 약간의 자기 의심만 들어도 그린에서 우유부단해지곤 합니다. 그런데 이러한 우유부단함은 퍼팅에서 최악의 적입니다. 정신적으로 단련된 선수들은 "내가 생각한 작전대로 최선을 다할 거야"라고 말합니다.

자신감 형성⑤ 경기 전 워밍업

경기 전 연습 루틴은 플레이어가 자신감을 얻는 데 도움이 됩니다. 여러분은 차에서 내려 그린의 속도도 테스트하지 않고 바로 첫 번째 티로 걸어가나요? 워밍업은 그린에 대한 감각을 익힐 수 있는 좋은 시간입니다. 그날의 라운드를 위한 '튜닝'인 거죠. 워밍업은 경쟁이 아니므로 이기기 위해 할 필요는 없습니다. 뛰어난 선수들은 퍼터 헤드에 공이 닿는 느낌과 공이 얼마나 잘 굴러가는지 파악하기 위해서만 워밍업을 활용합니다.

첫 번째 티에 가기 전 워밍업의 일환으로 선수들은 몇 번의 짧은 퍼팅을 연속으로 합니다. 이렇게 하면 첫 번째 티에 가기 전에 퍼트가 떨어지는 것을 보고, 듣고, 느끼면서 자신감을 얻을 수 있죠. 마지막으로 퍼팅 성공의 '모습'을 보여줌으로써 그날의 플레이에 대한 자신감을 고취합니다. 그러니 첫 번째 티로 이동하기 전에 워밍업으로 감각을 끌어올리세요.

자신감 형성⑥ 나의 퍼터를 믿어라

마지막으로, 보기에도 좋고 느낌도 좋은 퍼터를 사용하면 자신감을 얻을 수 있습니다. 투어에 참가하는 선수에게 좋은 느낌의 퍼터를 일주일만 주면 퍼트가 떨어지기 시작하고 자신감이 치솟습니다. 말 그대로 다양한 헤드 모양, 무게, 길이, 로프트가 있는 수백 가지 퍼터가 있습니다. 그중에서 자신감을 주고 편안함을 느낄 수 있는 퍼터를 선택하세요.

자신의 시각과 운동 감각에 맞는 퍼터를 사용하면 편안함을 느낄 수 있고, 편안함은 곧 자신감을 의미합니다. 퍼터 헤드의 조준은 퍼팅에서 핵심적인 요소인데요. 플레이어가 자신의 얼라인먼트에 편안함을 느낄수록 결정적인 스트로크를 만들어내기가 더 쉬워집니다. 자신에게 맞는 퍼터가 있으면 대개 조준과 정렬이 더 쉬워진다는 걸 알게 되죠.

어떤 골퍼에게는 무겁고 부피가 크게 여겨지는 퍼터가, 다른 골퍼에게는 타구감이 좋고 사용하기 편할 수 있습니다. 한 가지 확실한 점은 어떤 퍼터를 사용하든 그 퍼터로 성공할 수 있다면 그 퍼터가 좋아 보이기 시작한다는 겁니다. 플레이어들은 퍼터에 대한 신뢰가 쌓이면 퍼터를 마치 마법처럼 소중히 여기는 경향이 있습니다. 실제로 수많은 유명 선수들은 자신의 퍼터에 마법의 퍼터라는 이름을 붙입니다. 가장 잘 알려진 마법의 퍼터는 다음과 같은 것들입니다. 벤 크렌쇼의 '리틀 벤', 아놀드 파머의 '올드 페이스풀', 폴 런얀의 '리틀 포이즌', 그리고 아마도 가장 유명한 퍼터인 바비 존스의 '칼라미티(재앙) 제인'이 있습니다.

의심할 여지 없이 모든 유명한 퍼터들은 한 번쯤은 멋진 퍼터를 사용했겠지만, 모두 한 번쯤은 퍼팅 슬럼프를 경험했을 겁니다. 많은 플레이어가 퍼터를 바꾼 뒤 모양이나 외형, 느낌이 다른 퍼터를 사용함으로써 상승효과를 얻습니다. 이는 퍼팅에 대한 '새로움'과 신선한 태도를 갖게 하며, 일부 플레이어에게는 이것이 불씨가 되어 다시 일어설 원동력이 되기도 하죠. 그렇다고 퍼팅이 잘되지 않을 때마다 새 퍼터를 구입하는 것은 추천하지 않습니다. 하지만 현재 사용 중인 퍼터에 익숙하지 않다면 퍼팅할 때 자신감이 떨어질 수밖에 없어요. 때때로 새로운 시각으로 접근하는 것만으로도 태도를 바꿀 수 있습니다. 새 퍼터는 새로운 이미지를 선사할 수 있지요. 마지막으로, 퍼터는 마법이 아닙니다. 진정한 마법은 손과 눈의 조화, 태도, 자신감, 실력이 퍼팅이라는 동일한 목표를 위해 작용할 때 일어납니다.

퍼팅이 안 될 때 빠르게 자신감을 회복하는 방법

누구나 퍼팅이 안 되는 날이 있습니다. 세계 최고의 퍼터들도 그린에서 어려움을 겪으며 자신감을 잃고 때로는 자신감을 회복하는 데 어려움을 겪습니다. 코스에서 자신감이 산산조각이 나면 바로 이때 바로 여러분이 개입하여 상황을 반전시켜야 합니다. 플레이어는 퍼팅이 안 될 거라고 예상하기 시작하지만, 그날 퍼팅이 항상 안 될 거라고 확신할 수는 없습니다. 그린에서 퍼팅이 잘 안 될 때 자신감을 회복할 수 있는 몇 가지 아이디어를 소개합니다.

바로 지금, 현재 내 눈앞에 펼쳐질 퍼트가 중요합니다. 너무나 많은 아마추어 플레이어들이 라운드 초반에 한두 번의 퍼트를 놓치면 자신감을 잃게 됩니다. 그들은 스스로에게 "오늘은 퍼트가 안 되네"라고 자책하지요. 조금 전 실패한 몇 개의 퍼트 이미지와 결과가 머릿속을 가득 채우면서 지금 이 순간의 퍼트를 성공할 수 없다고 믿게 됩니다.

사실상 오직 현재의 퍼트만이 중요합니다. 무엇보다 슈터의 정신력(어려운 상황에서도 냉정하게 대처하고 결단력 있게 행동하는 능력)이 필요하죠. 퍼트마다 거리, 속도, 브레이크가 다르므로 매번 새로운 퍼트를 해야 합니다. 그렇기 때문에 매번 새로운 열정과 열망으로 퍼팅에 접근해야 하는 겁니다. 과거는 더 이상 문제가 되지 않으며 절대로 현재의 퍼팅에 영향을 미쳐서도 안 됩니다. 초반에 퍼트를 성공했다면 계속 성공할 수 있다는 믿음을 가져야 하며, 이전에 퍼팅을 놓쳤다면 다음 퍼팅이 성공으로 이어질 것이라고 믿어야 합니다.

> "퍼트만 잘하면 라운드 전체가 잘 풀릴 거라고 생각한 적이 있다."
>
> _ 다니엘 아마카페인, LPGA 투어

퍼팅 실수가 게임의 다른 부분에까지 영향을 미치지 못하게 해야 합니다. 퍼팅에 대한 자신감이 낮을 때 이를 간과하게 되면 게임의 다른 부분에 부정적인 영향을 미치는 경우가 많습니다. 당신은 부진한 퍼팅을 만회하기 위해 더 무리한 시도를 하게 되고, 이는 게임의 다른 부분까지 더 많은 부담을 주게 됩니다. 네 번 연속 볼이 홀을 돌아 나감으로 인한 좌절감은 전체 샷에도 영향을 미칠 수 있습니다. 그리고 좌절감은 무언가를 만회하기 위해 더 무리한 시도를 하게 만들 수 있습니다.

> "퍼팅이 잘 안 되는 날이라는 핑계로
> 경기 내내 좌절감을 느낀다면 진짜 문제가 발생한다."
>
> _ 밥 머피, PGA 시니어 투어

퍼트가 떨어지지 않는다고 해서 바로 게임 전략을 바꾸지 않도록 주의해야 합니다. 이런 상황에서는 마음이 조급해지고 무언가를 해내려고 더 열심히 노력하기 쉽습니다. 하지만 여러분의 경기 전략에 충실할 뿐 퍼팅으로 인한 부정적인 감정이 다른 샷에 영향을 미치지 않도록 하세요.

기본으로 돌아가야 합니다. 퍼팅이 잘 안 될 때 가장 좋은 방법은 기본으로 돌아가는 겁니다. 몸의 위치, 정렬, 스트로크 템포 등 퍼팅의 기본을 점검해보세요. 정렬을 조금만 바꾸어도 공에 대한 편안함이 크게 달라질 수 있으며, 이것이 바로 퍼팅에 다시 불을 붙이는 계기가 될 수 있습니다.

오늘 그린에서 퍼팅이 잘 안 될 거라고 미리 짐작하지 마세요. 볼을 스트로크할 때 좀 더 편안하고 자신감 있게 치기 위한 어떤 동작을 만들어보세요.

> 퍼팅 미스는 좌절감과 부정적인 생각을 불러일으키고
> 골퍼들은 '치료제'를 찾게 된다.

확고한 자신감을 가지고 스트로크를 하세요. 사실 여러분의 모든 퍼팅이 성공할 수는 없겠지만, 적어도 지금 하는 퍼팅은 반드시 성공시키겠다는 생각은 할 수 있습니다. 바로 이것이 세계 최고의 퍼터들이 생각하는 방식입니다. 6m 거리의 퍼트를 넣을 확률은 빗나갈 확률보다 적지만 반드시 넣을 수 있다고 생각해야 합니다. 자신감이 낮아져 있을 때는 볼이 홀컵에 들어간다는 확신을 가지고 스트로크를 하세요. 그렇지 않으면 홀에 들어가지 않을 것이라고 믿고 스트로크를 하는 수밖에 없겠지요.

> "퍼팅을 놓칠 수도 있다는 사실을 받아들이되,
> 막상 퍼팅을 시도할 때는 그 사실을 잊어버려라."
>
> _ 헬렌 알프레드손, LPGA 투어

스스로를 너무 자책하지 마세요. 여러분이 어떻게 할 수 없는 여러 가지 외부 요인이 퍼팅 결과에 영향을 미칩니다. 여러분이 퍼팅을 잘하려면 사실 약간의 운도 따라줘야 합니다. 스파이크 자국, 발자국, 그린의 결함, 예상치 못한 돌풍 등은 여러분이 어찌할 수 없는 요인이니까요. 이러한 요소들은 퍼팅 성공 여부에 영향을 미칩니다.

그럼에도 불구하고 막상 선수들은 자신의 스트로크가 잘못되었다고 성급하게 결론 내릴 수 있습니다. 하지만 사실은 스파이크 자국 때문에 볼이 라인을 벗어났을 수도 있어요.

미스샷에 대해 자책하고 자신이 실수했다고 생각하면 자신감이 떨어지게 됩니다. 여러분이 친 미스 퍼팅의 원인을 '통제 불가능한 상황'이었다고 결론지으면 자신감을 회복하기 훨씬 쉬워질 겁니다.

● 퍼팅 마인드셋 전략

어린 시절, 자전거를 배우면서 가장 중요하게 생각했던 것은 무엇인가요? 균형을 유지하지 못하면 넘어져서 다칠 수 있으니 자전거에서 떨어지지 않으려면 균형감각이 필요했을 겁니다. 퍼팅은 자전거를 타는 것과 비슷합니다. 오래전에 배웠고 한때는 퍼팅에 대한 매우 긍정적인 자신감이 있었죠. 아무것도 두렵지 않았으니까요.

우리 대부분 언젠가부터 퍼팅을 두려워하고 자신의 퍼팅 실력을 의심하기 시작합니다. 한때는 내로라할 만큼 퍼팅을 잘했지만 지금은 퍼팅 블루스(공을 홀에 넣는 퍼팅 동작이 제대로 되지 않아 난조를 겪는 상태)로 고통받고 있는 거죠.

훌륭한 퍼팅은 "나는 퍼팅을 잘할 수 있다고 자신합니다!"라고 말하는 것에서부터 시작된다는 것을 기억하세요. 당신은 한때 "자, 이렇게 하는 거야!"라고 말했던 천부적인 선수였습니다. 이제 여러분은 퍼팅 태도를 스스로 통제하고 결정할 힘이 생겼습니다. 볼이 어디로 굴러가는지, 공이 굴러가면서 잔디 결의 영향을 얼마나 받을지에 대한 판단은 전적으로 여러분에게 달려 있습니다. 퍼터 헤드를 조준하고 퍼팅라인에 몸을 정렬한 다음 적절한 속도와 힘을 조절하여 볼을 스트로크합니다. 퍼팅을 할 수 있다는 사실을 인정하고 공이 틀림없이 홀에 들어갈 것이라는 자신감을 가지세요.

 **Try This!**

자신감 강화 아이디어 6가지

다음은 자신감을 높일 수 있는 몇 가지 아이디어입니다. 2주 동안 이 제안을 시도해보고 퍼팅에서 개선된 점을 기록해보세요.

1. 최근 라운딩에서 '자신감'을 느꼈던 모든 순간을 정신적인 면과 육체적인 부분으로 나누어 목록으로 작성해보세요. 자신감을 촉진하는 감정과 생각을 나열합니다. 가장 자주 발생하는 감정과 생각에 주목하고 다가오는 라운드나 대회를 준비하는 동안 이러한 특정 생각과 감정에 집중하세요.

2. 퍼팅에 집중하는 데 도움이 되는 간단하고 일관성 있는 '프리퍼트 루틴'을 만들어보세요. 불안하거나 부담감이 생길 때 자동적으로 안정감을 찾을 수 있도록 자신만의 프리퍼트 루틴을 만들어 꾸준히 반복해서 익히세요.

3. 프리퍼트 루틴과 연습 과정에 멘탈 훈련을 같이 병행하세요. 퍼팅할 때마다 육체적인 부분만 아니라 정신적으로도 100%의 노력을 기울이겠다고 스스로에게 다짐하세요.

4. 그린을 잘 읽은 뒤 어디로 볼을 보낼 것인지 조준하고 스트로크할지 명확하게 결정한 다음 실행에 옮기도록 최선을 다하세요.

5. 퍼팅에 대한 자신감은 내면으로부터 시작되는 '나 혼자 할 수 있다'는 프

로젝트임을 인식하세요. 긍정적인 성공 이미지를 많이 쌓을수록 자신감의 메모리 뱅크 또한 커집니다.

6. 퍼팅 실패에 대한 생각을 떨쳐버리고 퍼팅 메모리에서 선택적 기억을 사용하는 방법을 배움으로써 멘탈을 더욱 강화하세요. 항상 퍼팅을 홀에 집어넣었거나 현재 진행 중인 퍼팅에 집중하고, 빗나가거나 홀을 돌아 나가버린(립아웃) 퍼팅은 과감히 잊어버리세요.

2부
The Mental Art of
PUTTING

완벽한 퍼팅을 위한
실전 연습

라인, 속도, 목표물

퍼팅을 위한 집중력

    정신 집중력은 모든 스포츠, 특히 골프에서 성공적인 경기력을 발휘하는 데 매우 중요합니다. 평균적으로 한 라운드 동안 실제로 샷을 하는 데 사용하는 시간은 채 30분도 되지 않으므로 3시간 이상의 다운타임이 발생합니다. 이러한 상황은 여러분이 지속적으로 집중과 이완을 반복하기 때문에 경기에 집중하는 데 큰 어려움을 겪게 됩니다. 고도의 집중력은 주의가 산만해지지 않고 맡은 과업에 몰입할 수 있는 능력입니다. 그렉 노먼이나 세베 바예스테로스 같은 숙련된 선수들은 집중력을 다음과 같은 상태라고 설명합니다. '몰입', '비눗방울 안에 갇힌' 또는 '누에고치 안에 갇힌'

상태로 그 어떤 것도 집중력을 뚫고 방해할 수 없는 상태라고 합니다.

시카고 대학교의 심리학자인 칙센트미하이 박사는 평생 동안 '몰입(Flow)' 현상을 연구해 왔습니다. 그는 농구선수, 댄서, 암벽등반가, 체스 선수, 공장 근로자 등을 대상으로 많은 연구를 통하여 사람들이 어떠한 내재적 보상이 없는데도 불구하고 어떤 활동을 즐기는 이유를 규명하고자 했습니다. 그는 사람들이 무언가에 완전히 빠져들게 되면 몰입이라는 상태에 도달한다는 사실을 발견했습니다.

몰입 상태에 도달하려면 (1)도전적인 활동, (2)도전에 맞는 기술, (3)명확한 목표, (4)수행 상황에 대한 즉각적인 피드백이라는 네 가지 요소가 있어야 된다고 합니다.

이러한 요소가 존재할 때 칙센트미하이 박사는 '의식의 명령'이 이루어진다고 말합니다. 이 현상은 사람들이 어떤 활동에 몰두하여 재미있게 즐길 수 있는 원동력이 됩니다. 이 흥미로운 발견은 누구나 몰입 상태에 도달할 수 있다는 겁니다. 우리는 퍼팅에 이 네 가지 요소가 모두 존재한다는 것을 이미 알고 있습니다. 퍼팅은 어렵지만 대부분의 사람들은 퍼팅에 필요한 기술을 이미 가지고 있습니다. 목표만 명확하다면 퍼팅에 성공하거나 실패했을 때, 그 어떤 상황에서든 즉각적인 피드백을 받을 수 있습니다.

여러분은 "아까 그 샷은 집중을 잘못해서 실패했어"라고 말해본 경험이 있나요?

  그렇다면 여러분은 산만해지지 않고 장시간 집중한다는 것이 얼마나 어려운지 잘 알고 있을 겁니다. 대부분의 선수들 또한 한번쯤은 멍해지거나 주의가 산만해지거나 너무 피곤해서 집중하지 못한 경험이 있겠지요. 세계 최고의 선수들조차 지루하거나 불안해지면 집중하기 어려워합니다. 이번 장에서는 집중력과 집중력을 방해하는 요소에 대해 알아보고 그다음으로 코스에서 집중력을 높일 수 있는 구체적인 방법을 설명하고자 합니다.

집중력 이해하기

  골프에는 기본적으로 두 가지 유형의 집중력이 있습니다. 벤 호건 같은 선수들은 라운드 내내 뛰어난 집중력을 보입니다. 이런 선수들은 장시간 집중력을 유지하는 능력을 가지고 있습니다. 반면에 리 트레비노처럼 샷을 할 때만 집중하고 샷 사이에 집중력을 이완하는 선수도 있죠. 선호하는 스타일이 각기 있겠지만 최고의 샷을 치기 위해서는 자신의 플레이 차례가 되었을 때 오로지 실행에만 집중해야 합니다.

  좋은 집중력에는 다음 몇 가지 요소가 포함됩니다. (1)집중해야 할 단서를 파악하기, (2)관련 단서에 집중하기, (3)좁은 외부 초점

유지하기, (4)주의 전환하기, (5)주의가 산만해졌을 때 다시 집중할 수 있는 방법 숙지하기, (6)생각 조절하기 등입니다.

중요한 요소들만 가려내기

퍼팅이 어떻게 끊어지는지 읽는 순간부터 공을 치는 순간까지 중요한 단서에만 집중하고, 그 외 관련 없는 단서는 모두 무시하는 법을 터득해야 합니다. 퍼팅에서 속도와 방향이 가장 중요한 핵심 요소이므로 퍼팅의 속도와 방향을 계획하는 데 도움이 되는 단서에 집중해야 하죠. 그린의 잔디 종류, 그린의 경사, 잔디 결의 방향, 그린의 습도, 바람, 그리고 해당 그린에서 경험한 모든 것을 평가해야 합니다.

그런 다음 곧바로 주의력을 실행으로 옮깁니다. 연습 스트로크를 하고, 타깃에 정렬하고, 스폿/타깃을 보고, 스윙 단서를 사용하여 스트로크를 시작하는 등 평소의 루틴을 따릅니다. 이러한 것들이 퍼팅에 도움이 되는 실행 단서입니다. 간단하게 들릴지는 모르겠지만, 이러한 단서에 집중하는 것이 말처럼 쉽지만은 않다는 걸 우리 모두 알고 있습니다.

퍼팅과 관련 있는 것과 없는 것

퍼팅을 잘하려면 그린을 읽고, 브레이크와 속도를 결정하고, 중단이나 산만함 없이 루틴을 진행해야 합니다. 문제는 방해와 다른 정신적 우회로가 당신을 목표에서 벗어나게 할 때 시작됩니다. 대부분의 주의집중을 방해하는 요소는 두려움, 의구심, 걱정과 같이 스스로 유발하는 것들입니다. 퍼팅하는 동안 잡생각은 처리할 수 있지만, 일단 생각이 떠오르기 시작하면 3퍼팅에 대한 생각을 멈추기는 어렵습니다.

첫 번째 단계는 그린을 읽는 데 중요한 단서(7장 퍼팅의 비전과 상상력 참고)와 퍼팅을 잘하는 데 도움이 되는 루틴의 요소를 아는 것입니다. 루틴이 생기면 판독을 의심하거나 볼에 긴장하거나 부정적인 생각에 사로잡히지 않고 오로지 필요한 것들에만 마음을 고정하는 것이 가능해지니까요.

> "무언가에 집중해야 하는데, 공과 홀보다
> 더 자연스럽게 집중할 수 있는 것이 있을까?"
>
> _ 헬렌 알프레드슨, LPGA 투어

생각하지 말고 반응하라

모든 스포츠에서 선수는 경기에 집중하고 상황에 자동적으로 반응할 때 최고의 기량을 발휘할 수 있습니다. 하지만 퍼팅은 야구의 타격이나 배구의 스파이크처럼 역동적인 동작에 반응할 필요가 없으며, 오히려 그 상황을 그대로 내버려둘 때 최고의 퍼포먼스를 발휘하게 됩니다. 타자는 투수가 공을 던진 후 생각할 시간도 없이 바로 반응해야 합니다. 공이 타석까지 도달하는 데는 약 0.4초가 걸립니다. 타자는 구질을 인식하는 데 약 0.2초, 스윙을 결정하고 배트를 움직여 공을 맞히는 데 약 0.2초를 사용합니다. 따라서 타자는 자신의 경험과 본능에 따라 공을 쳐야 합니다. 어떻게 쳐야 할지 생각할 때는 이미 공은 타자를 지나쳐버리니까요.

**스트로크 중에 지나치게 분석하고 생각하면
골퍼가 '얼어붙을' 수 있다.**

너무 많은 선수가 퍼팅 그린에서 지나치게 분석하거나 너무 많은 생각을 함으로써 스스로를 마비시킵니다. 그들은 자신의 스트로크나 강사가 말한 것을 너무 많이 생각하거나, 성공 또는 실패에 대한 걱정으로 스스로를 얼어붙게 만들지요. 타자와 마찬가지로 눈에 보이는 것에 집중할 수 있으려면 특정 부분에 집중하는 것이 가장 좋습니다. 이때 내부에 집중하면 너무 기계적으로 되거나 자신에게 집착하게 됩니다. 테니스 선수가 움직이는 테니스공을 볼 때처럼 외부의 특정 단서에 집중할 때 최고의 성과를 낼 수 있습니다. 퍼팅에 대한 접근 방식을 단순화해야 합니다. 가장 먼저 해야 할 일은 스스로에게 무언가를 지시하는 것을 멈추고, 메커니즘이 아니라 경험과 본능에 맡겨야 한다는 겁니다.

결과보다 즉각적 실행에 집중하라

대부분의 뛰어난 퍼터들은 공을 라인에 태워 굴리는 것과 실행에 집중합니다. 그들은 퍼팅을 성공시킬 수 있다는 것을 알지만 퍼트를 성공시키려고 노력하지 않습니다. 미스 또는 성공이라는 결과에 집중하는 것이 아니라 퍼팅에만 집중합니다. 자신이 할 일을 올바르게 수행하면 퍼트는 자연스럽게 떨어질 테니까요. 훌륭한 퍼터는 라인을 선택하고 치는 작업에 집중합니다. 올바른 라인을 선택하고 그 라인을 따라 볼을 굴릴 수 있다면 임무를 완수한 것입니다. 그 이후에는 여러분이 통제할 수 없는 일이 벌어지겠지요.

퍼팅에 성공하지 못했더라도 선택한 라인에 볼을 보냈다면 성공한 것입니다. 때로는 모든 것을 제대로 했는데도 불구하고 미스할 수 있습니다.

> "퍼팅을 넣으려고 노력하지 않고,
> 그저 공을 내가 정한 라인에 굴리려고 노력할 뿐이다."
> _ 그랙 크래프트, PGA 투어

집중하기와 긴장 풀기

골프의 '스톱 앤 고' 동작은 달리기나 수영 같은 연속 작업에는 필요하지 않은 특별한 능력을 요구합니다. 플레이 중에는 한 샷을 치기 위해 30~40초 동안 집중했다가 다음 샷을 하기까지 몇 분의 시간이 주어집니다. 많은 선수가 경기 중 공백이 길어지면 다시 경기에 집중하는 걸 어려워합니다. 여러분도 앞서가는 그룹을 기다려야 할 때 리듬이 끊기거나 리듬을 잃어버렸던 적이 있으신가요? 그런 경험이 있다면 내 차례가 되었을 때 제대로 집중하기 어려웠을 겁니다.

> 완전한 집중이란 과거를 잊고
> 현재에 머무르는 것을 의미한다.

흐트러진 와중에 다시 집중하기

집중력에는 주의가 산만해진 후 다시 집중할 수 있는 능력도 필요합니다. 현재 퍼팅을 할 때 지난번 놓친 퍼트에 대해 생각하는 것은 전혀 도움이 되지 않습니다. 핵심은 다시 집중하고 주의를 현재 작업으로 되돌리는 거예요. 먼저 자신이 집중하지 못하고 있다는 사실을 인지한 다음, 집중력을 조절하거나 멈추고 재빨리 마음을 다잡아야 합니다.

> "방해 요소를 무시하고 올바른 목표에 집중할 수 있어야 한다."
> _ 신디 슈레이어, LPGA 투어

방황 속에서 당장 탈출하라

집중력은 궁극적으로 생각을 통제하는 능력과 관련이 있습니다. 생각하는 것을 통제할 수 있다는 건 집중력을 통제할 수 있다는 뜻입니다. 현재에 집중하지 못하는 선수는 퍼트 성공 확률이 현저히 떨어지겠지요. 퍼팅을 시도하는 동안 다음 티샷을 미리 생각하거나 이전 홀의 3퍼팅에 얼마나 화가 났는지를 생각한다면 당장 해야 할 일 앞에서 정신을 딴 데 팔고 있는 셈입니다. 컴퓨터처럼 마음을 프로그래밍하는 법을 배워야 합니다. 버디 퍼트를 성공하거나 실패하거나 그 결과에 대해 생각하면 마음이 앞서게 됩니다. 여러분의 생각이 목표에서 벗어나지 않고 자신이 선택한 프로그램대로 수행할 수 있도록 훈련을 해야 합니다.

주의력을 방해하는 요소들

일반적으로 언제, 어떤 상황에서 집중력을 잃나요? 지난 몇 라운드에 대해 생각해보세요. 집중력을 잃을 때, 어떠한 패턴이 있나요? 다음은 여러분이 알아차릴 수 있는 집중력을 떨어뜨리는 몇 가지 요인입니다.

1. 외부 요소

선수들은 소음이나 시각적 방해 요소로 인해 집중력이 흐트러집니다. 일부 투어 선수들은 소리에 매우 민감해서 옆 페어웨이에 있는 선수의 가방에서 클럽이 덜그럭거리는 소리에도 주의가 산만해지기도 해요. 시각적 방해에 민감한 플레이어는 주변 시야로 15m 떨어진 곳에서 걸어오는 사람을 감지할 수 있으므로 주의가 분산될 수 있습니다.

2. 멍때리기 샷

많은 골퍼가 "나는 스윙하는 도중에 아무것도 생각나지 않았다"고 말들 합니다. '멍때리기(Blank out)' 샷이 발생하면 샷을 친 후에야 무슨 일이 있었는지 깨닫게 되죠. '멍때리기' 샷은 끝나고 나면 이미 멈추기에는 너무 늦습니다. 순간적으로 정신을 놓으면 퍼팅 감각을 잃어버릴 수도 있죠. 그렇기 때문에 퍼팅할 때 무엇을 생각하고 집중해야 하는지 알 수 있도록 개인적인 루틴을 만드는 것이 중요합니다(8장 프리퍼트 루틴 개발 참고).

3. 부정적인 생각들

부정적인 생각은 퍼팅에 집중하는 능력을 훼손할 수 있습니다. 이전 홀의 보기 퍼팅, 초반에 실수한 3퍼팅, 매치게임에서의 패배 등과 같은 부정적인 이미지를 만들어 실패를 프로그래밍합니다.

이런 생각들이 부정적인 소용돌이(Negative spiral)를 일으킵니다. 실수를 하면 할수록 놓친 것에 대한 생각이 더 많이 떠오릅니다. 놓친 것을 떠올리는 통에 더 많은 것을 놓치게 되죠. 하지만 희망은 있습니다. 먼저 부정적인 생각에 사로잡혔을 때를 스스로 알아차리는 방법을 배우고, 부정적인 생각을 긍정적인 생각으로 바꾸면 긍정적인 생각과 이미지로 자신을 새롭게 프로그래밍하는 방법을 배울 수 있으니까요.

> "나는 뛰어난 퍼터들은 자신이 퍼팅하는 목적이 무엇인지 생각하지 않는다고 생각한다."
>
> _ 퍼기 블랙몬, 사우스캐롤라이나 대학교 골프 코치

4. 불안

불안과 두려움은 집중력을 떨어뜨리는 가장 큰 요인입니다. 3퍼팅이 두려워지면 실행에 집중하기 어렵습니다. 불안은 대개 부정적인 결과나 실패에 대한 생각에서 비롯되며 이는 자존심을 위협합니다. 불안은 신체적 긴장감을 높여 목표로부터 더욱 멀어지게 하죠. 불안해지면 지각 범위가 축소되어 성과를 불러올 단서를 잃어버립니다. 이로 인해 퍼팅을 성공적으로 수행하는 데 필요한 중요한 정보를 무시하게 되죠. 예를 들어 여러분이 불안해지면 퍼팅 라인에 집착하게 되면서 속도를 잊어버려 30cm 이상 짧은 퍼팅을

남겨놓을 수 있습니다.

5. 지루함

여러분이 지루해하면 주의력 또한 저하됩니다. 끊임없이 목표를 향해 도전하지 않으면 지루해지고 흥미를 잃게 마련이죠. 도전 욕구가 떨어지면 최적의 활성화 수준이나 흥분 수준 또한 떨어집니다. 이런 상태에서는 집중력이 너무 분산되어(관련 없는 정보를 너무 많이 받아들이게 됨) 퍼팅을 잘하는 데 필요한 핀포인트(Pin Point) 집중력을 잃어버리게 되지요. 당신의 머릿속은 수행과 무관한 단서들이 이리저리 떠돌아다니게 됩니다.

6. 낮아진 자신감

낮은 자신감은 또 다른 주의력을 떨어뜨리는 요인 중 하나인데요. 퍼팅을 넣으려고 할 때 퍼팅에만 집중하려면 무엇이 필요할까요? 바로 자신감입니다. 퍼팅을 할 수 없다고 생각하면 불안해져서 이렇게 생각하게 됩니다. '그냥 가까이 붙이면 돼' 또는 '3퍼트만 아니면 돼'라고 생각하는 거죠. 자신감이 낮은 사람은 실패를 두려워하기 때문에 실행에 집중하기가 쉽지 않습니다. 여러분의 자신감이 높아질수록 실수에 대한 불안감과 두려움은 줄어듭니다.

7. 에너지 방전

라운드 내내 집중하는 스타일의 플레이어는 마지막 몇 홀 동안 집중하는 데 어려움을 겪을 수 있습니다. 또 어떤 플레이어는 정신적인 에너지가 소진되어 한계에 다다를 수 있지요. 이런 플레이어는 15홀 또는 16홀이 시작되면서 집중력을 잃고 멍때리기(Blank out) 샷을 하기도 합니다. 마지막 몇 홀 동안 집중하는 데 어려움을 겪는다면 홀 사이사이에 긴장을 풀고 집중력을 아끼는 것이 좋습니다. 에너지가 고갈되지 않도록 하세요. 샷을 할 때가 되면 다시 집중력을 회복할 수 있습니다.

코스 밖에서 훈련하기 - 집중력 향상 연습

그린에서 집중력을 높이는 몇 가지 전략이 있습니다. 한 가지 방법은 코스 밖에서 집중력을 향상하는 연습을 통해 코스에서 더 집중할 수 있도록 하는 겁니다. 그린에서도 집중력을 유지하는 여러 가지 기술을 소개하니 직접 연습해보세요.

연습1: 집중력 유지

집중력을 테스트하기 위해 할 수 있는 간단한 연습은 골프공 같은 물체를 보고 다른 생각이 떠오르지 않도록 집중력을 유지하는 것입니다. 공을 자세히 살펴보세요. 딤플, 글씨, 크기와 색상을 살펴보고 손에 쥐고 있는 공의 무게를 느껴보세요. 다른 생각에 방해받지 않고 얼마나 오랫동안 공에 집중할 수 있는지 확인하세요. 1분부터 시작해서 5분까지 늘려보세요.

연습2: 집중에 도움되는 호흡법

한 가지 생각에 집중하는 능력을 향상하기 위해 언제든 할 수 있는 간단한 호흡법입니다. 앉거나 누워서 호흡에 모든 에너지를 집중하세요. 호흡을 부드럽게 하고 숨을 들이마실 때 여섯까지 세고 내쉴 때 여섯까지 세세요. 호흡의 리듬에 온전히 집중하세요. 공기가 폐로 들어오고 나가는 것을 느껴보세요. 다른 생각이 들기 전에 얼마나 오랫동안 호흡에 집중할 수 있는지 확인하세요. 다른 생각이 떠오르면 그냥 지나치고 다시 호흡 연습으로 돌아가세요. 호흡에 온전히 집중할 수 있을 때까지 하루에 10분씩 반복해 연습하세요.

연습3: 이미지트레이닝

집중력을 높이고 긍정적인 이미지로 몸과 마음을 프로그래밍하는 데 도움이 되는 훌륭한 운동은 이미지트레이닝입니다. 이 연습을 하려면 과거의 이미지와 감정을 체계적으로 떠올려야 합니다. 머릿속으로 익숙한 골프 코스를 떠올려보세요. 집중력을 잃거나 주의가 산만해지기 시작할 때까지 첫 번째 홀부터 시작해서 실제 코스에서 경기하는 것처럼 이미지 샷으로 한 샷씩 플레이를 하는 겁니다. 이렇게 하면 생각과 이미지를 통제하고 플레이에 효과적으로 집중할 수 있어요.

첫 번째 티에서 시작합니다. 코스의 지형, 잔디, 나무, 호수, 냄새, 느낌, 그 홀과 연관된 모든 이미지를 최대한 자세하게 떠올려 보세요. 첫 번째 샷을 최대한 자세하게 플레이하는 자신을 경험한 뒤 다음 샷을 향해 걸어가세요. 집중력을 잃을 때까지 최대한 많은 홀을 플레이해보세요. 처음에 두 홀을 집중력을 잃지 않고 플레이할 수 있다면 다음에는 세 홀을 도전해보세요. 집중력을 유지할 수 있는 시간을 계속 늘려나가세요.

연습4: 주의집중

먼저 빈 종이에 한 칸을 만들어 집중력을 잃게 되는 환경을 나열하고, 다음 칸에는 집중력을 방해하는 요소를 적습니다. 예를 들어 '다른 사람들이 내가 짧은 퍼팅을 시도하는 것을 지켜보고 있을 때 집중력을 잃는다'라면 이럴 때 무슨 일이 일어날까요? '내가 이 퍼트를 놓치면 얼마나 멍청해 보일까'라는 생각이 들기 시작할 겁니다. 이렇게 목록을 작성하면 자신의 약점을 더 잘 파악할 수 있고, 각 상황에 맞게 주의를 다시 집중하는 정신 훈련을 할 수 있습니다.

여러분이 앞서 설명한 예와 같은 상황에 처해 있다고 상상해보세요. 짧은 퍼팅을 앞두고 서 있는데 퍼팅을 놓치면 바보처럼 보일 것 같다는 생각이 들기 시작할 겁니다. 그럴 때는 스스로에게 "멈춰"라고 외친 다음 퍼팅라인과 속도에만 집중한 채로 실행하는 모습을 상상해보세요. 여러분이 적어놓은 각 상황에 대해 이러한 과정을 반복하는 거예요. 그러면 다음 플레이에서 이런 상황이 발생했을 때 어떻게 대처해야 할지 확실히 알 수 있을 겁니다.

코스 안에서 집중력 향상을 위한 소중한 팁 8가지

과거, 미래는 NO! 오직 이 순간에 집중

현재 상황에서 주어진 과제의 요구 사항에 집중하는 것을 잊지 마세요. 골퍼들이 저지르는 가장 큰 잘못은 퍼트를 성공했을 때나 놓쳤을 때의 결과를 미리 예측하거나 지난번 놓친 퍼트에 대해 생각한다는 겁니다. 먼저 나 자신이 집중하지 못하고 있다는 사실을 인식하고 주의를 현재로 되돌려야 합니다. 현재 순간의 실행에 집중하세요.

한 번에 하나씩

"한 번에 하나씩 플레이하라"는 골퍼들과 함께 일할 때 많이 하는 말이며, 아무리 강조해도 지나치지 않습니다. 10홀에서 퍼팅을 하면서 마지막 홀에서 연못을 넘기기 위해 220야드 드라이브를 쳐야 한다는 생각에 사로잡히면 경기력이 저하되기 시작합니다. 또한 지난 홀에서 놓친 퍼팅을 생각하면 현재 퍼팅에 집중할 수도 없죠. 현재에 집중하려면 그 한 샷만 플레이한다고 생각하세요. 그 한 샷을 나머지 샷과 분리하여 그 자체로 하나의 게임으로 생각해야 합니다.

준비의 '과정'에 집중하라

여러분이 퍼팅을 준비할 때 사용하는 구체적인 루틴이 있어야 합니다. 몸에 밴 루틴은 긍정적인 작용으로 여러분의 마음을 채워 줄 테니까요. 루틴이 없이 퍼팅을 한다면 퍼팅을 준비하는 동안 여러분의 마음은 아무런 목표 없이 방황하게 될 겁니다. 루틴은 퍼팅의 라인과 속도에 영향을 미치는 변수를 분석하고, 목표 지점에 맞춰 셋업하여 스트로크를 실행하는 데 도움이 되어야 합니다. 이 중에 어느 하나라도 집중하는 데 어려움이 있다면 지금이야말로 자신만의 프리퍼트 루틴을 개발해야 할 때입니다.

차례 기다리면서 긴장 푸는 법

당신의 차례가 되면 퍼팅할 준비가 되어 있어야 하지만, 퍼팅을 지나치게 분석하고 과도하게 읽는 것은 피해야 합니다. 퍼팅하기 전에 집중력을 지나치게 소모하는 것 또한 피해야 하죠. 퍼팅의 브레이크를 보고 나면 집중력을 이완하고 다음 퍼팅을 위해 집중력을 아껴두세요. 기다리는 동안에도 계속해서 퍼팅에 집중하면 막상 퍼팅을 할 때 집중력이 떨어지게 됩니다.

워밍업 루틴 적용하기

모든 우수한 선수들은 티오프 전에 플레이에 집중할 수 있도록 워밍업 루틴을 따릅니다. 대부분의 투어 선수들은 스트레칭을 한 후 연습 타석에서 워밍업을 시작하죠. 숏 아이언을 치고 가볍게 스윙을 해서 근육을 풀며 경기를 준비합니다. 그리고 클럽별로 5개의 공을 치기도 합니다. 그런 다음 그린 위에서 그린의 속도에 대한 감각을 익히기 위해 워밍업을 합니다. 마지막으로 칩샷이나 벙커샷을 치는 것으로 워밍업을 마무리하죠. 워밍업 루틴을 통해 선수들은 달리기 전 스트레칭 루틴을 하는 달리기 선수나 이륙 전 체크리스트를 검토하는 조종사와 마찬가지로 경기에 집중할 수 있습니다.

연습을 시합처럼

당신은 특별한 목표의식을 가지고 연습하나요? 아니면 같은 위치에서 30개의 퍼팅을 치고 계속해서 정렬이나 타깃을 바꾸지 않고 같은 방법으로 새로운 공을 치고 있나요?

골프 코스에서 같은 위치에서 30개의 퍼팅을 얼마나 자주 치나요? 많은 사람이 골프 코스에서 실전에 전혀 도움이 되지 않는 방식으로 연습을 하고 있습니다. 골프 코스에서는 퍼팅을 할 때마다 속도, 길이, 시각적으로 보이는 모양이 다릅니다. 그러니 골프 코스에서 플레이하는 것과 똑같은 방법으로 퍼팅 연습을 해보세요. 연습 그린에서 18홀을 플레이하세요. 평소에 하던 퍼팅 루틴도 빼놓으면 안 됩니다.

매번 다른 거리에서 다양한 브레이크의 퍼팅을 해보는 겁니다. 그리고 연습 그린에서 버디에 도전해보세요. 이러한 유형의 연습은 실제 플레이에서 마주하게 될 상황에 더 구체적으로 대비할 수 있습니다.

집중력을 높이기 위한 자신만의 신호

당신이 제일 마지막에 퍼팅을 하게 되면 때로는 당신이 퍼팅할 차례가 되었을 때 다시 정신을 집중하기 어려울 수 있습니다. 경우에 따라서는 5~6분 이상 지체하기도 하죠. 그러니 자신의 퍼트 차례가 되면 완전히 집중해야 합니다. 이렇게 하려면 집중을 시작하라는 신호로 볼마크에 공을 올려놓는 등의 물리적 동작을 사용하세요. 이 시점에서는 퍼팅을 위한 준비와 실행에만 정신을 집중하고, 다른 생각이 떠오르면 그냥 지나가도록 내버려두세요.

퍼팅 이미지트레이닝 - 대기시간 활용하기

꽤 긴 시간이 지난 다음 차례가 되어 다시 퍼팅을 하려고 할 때 집중이 잘 안 된다면 미리 퍼팅 장면을 상상하면서 예행연습을 해보세요. 지금까지 수집한 정보를 바탕으로 퍼팅라인을 그려보는 겁니다. 그다음엔 몇 번의 연습 스윙을 하며 라인을 따라 볼이 홀 안으로 굴러 들어가는 것을 '보는' 연습을 해보세요. 여러분이 플레이할 차례가 되면 퍼팅은 자연스러운 일이 될 것입니다.

Try This!

방해 요소 가운데서 집중력 훈련하기

다음에 골프장에 가면 친구한테 당신이 그린에서 퍼팅을 할 때 정신 집중을 못 하게 방해를 해달라고 부탁해보세요. 다른 사람이 당신의 신경을 분산시키는 동안 당신이 루틴에 얼마나 집중할 수 있는지 확인해보는 겁니다. 이때 방해 요소를 차단하려고 하는 대신, 루틴과 실행에 집중하는 게 중요합니다. 이 연습을 통해 집중력이 향상될수록 코스에서 방해 요소에 더 잘 대처할 수 있을 겁니다.

이제
당신도 그린을 읽는다!

퍼팅 시각화와 상상력 키우기

  좋은 시력과 눈으로 신뢰할 수 있는 정보를 얻는 것은 좋은 퍼팅을 위해 중요합니다. 그린을 잘 읽고, 라인을 명확하게 보고, 볼을 치기 전에 눈으로 본 것을 믿고 퍼팅하는 법을 배워야 하니까요.

  잭 니클라우스의 그린을 응시하는 강렬한 눈빛처럼 집중력이 뛰어난 선수의 눈에서는 강렬한 집중력을 확인할 수 있습니다. 레이몬드 플로이드도 퍼팅 그린에서 '냉철한 응시'를 합니다. 이 위대한 선수들의 눈빛에는 무엇이 있을까요? 골프 전문가들 사이에서 잭 니클라우스와 레이몬드 플로이드는 역대 최고의 클러치 퍼터(중요한 순간에 흔들리지 않는 집중력과 안정적인 퍼팅 실력으로 경기를 승리로 이끄는 선수)로 평가받고 있습니다. 이들은 뛰어난 시야를 가지고 있으며, 이를 통해 퍼트가 그린에서 어떻게 반응할지 평가하죠. 또한 상상력을 발휘하여 플레이를 계획하고 풀어가는 능력이 대단합니다.

> "나는 눈으로 골프 코스를 느낀다. 골퍼는 눈으로 골프를 하는 셈이다. 하지만 사람들은 이것을 깨닫지 못한다. 눈은 바람, 그린, 모든 것에 대한 정보를 알려준다."
>
> _ 게리 플레이어(페퍼, 1988), PGA 시니어 투어

뛰어난 퍼터와 일반 퍼터의 시력 차이

뛰어난 퍼터는 평균적인 선수보다 시력이 더 좋을까요? 뛰어난 퍼터는 그렇지 않은 퍼터보다 그린을 다르게 읽거나 더 정확하게 읽을 수 있을까요? 사람들은 PGA, PGA 시니어, LPGA 투어의 프로 골퍼들이 일반 골퍼에 비해 시력과 시각 능력이 뛰어나다고 생각합니다. 물론 프로 골퍼가 일반 골퍼보다 그린을 더 선명하게 보고 더 신뢰할 만한 정보를 얻는 것은 당연한 것일 수 있습니다. 이는 다양한 표면과 잔디에서 퍼팅을 완벽하게 연습하는 데 많은 시간을 할애한 덕분이기도 하겠지요. 연구에 따르면 많은 투어 선

수들이 매우 뛰어난 시력을 가지고 있다고 합니다. 이처럼 뛰어난 시각 기술과 시력(시력의 선명도)을 가진 선수도 있지만, 완벽하지 않은 시력을 가졌음에도 노력과 인내를 통해 장애를 극복한 선수도 분명 있습니다.

가장 주목할 만한 선수는 전 US 오픈 챔피언 톰 카이트와 헤일 어윈입니다.

카이트와 어윈은 교정 렌즈 없이 20/400(대부분의 사람들이 400피트에서 볼 수 있는 것을 20피트에서 볼 수 있음)의 시력을 가졌지만, 교정 안경이나 콘택트렌즈의 도움으로 20/20의 교정시력을 가지고 있습니다. 시력이 좋다고 해서 퍼팅 성공이 보장되는 것은 아니지만, 시력은 퍼팅을 하는 데 중요한 역할을 합니다.

뛰어난 퍼터는 그렇지 않은 퍼터보다 더 정확한 정보를 수집합니다. 또한 뛰어난 퍼터는 보통 퍼터보다 자신이 보는 것을 더 잘 신뢰합니다. 그들은 더 결단력이 있고 자기 의심과 우유부단함을 쉽게 떨쳐버릴 수 있죠. 또한 그들은 긍정적인 결과를 상상합니다. 반면에 퍼팅을 잘하지 못하는 퍼터는 유용한 정보를 수집하는 방법을 모릅니다. 그들은 자신이 무엇을 보고 있는지 확신하지 못하고, 너무 많은 단서를 검색하여 정보 과부하로 이어지기도 하죠. 그리고 서툰 퍼터는 자신이 그린을 잘 읽지 못한다고 여기며, 공이 얼마나 꺾이는지 그리고 몇 개의 꺾임이 보이는지에 대해서도 스스로를 의심합니다. 자신의 몸과 퍼터가 올바르게 정렬되어 있는지 궁금해합니다. 퍼팅 실력이 좋지 않은 골퍼는 볼을 라인에 맞출 수 있는지, 퍼팅 거리를 제대로 맞힐 수 있는지 확신하지 못합니다. 이런 불확실성 때문에 퍼팅이 잘 안 되는 것은 당연한 일이지요.

시각화와 퍼팅 루틴

퍼팅을 서두르다 좌절감에 빠져 미스하는 선수들을 본 적이 있나요? 그들은 자신의 퍼팅을 분석하고 평가할 시간을 갖지 않습니다. 퍼팅을 읽거나 라인에 대한 결정을 내리지 않고 서둘러 볼을 향해 달려갑니다. 퍼팅 능력이 좋지 않은 골퍼들은 자신의 퍼팅을 정확하게 평가할 수 있는 루틴이 없습니다. 루틴은 선수가 퍼트를 읽고, 공이 꺾이는 것을 상상하며, 목표물에 일관되게 정렬하고, 자신감을 가지고 공을 칠 수 있도록 합니다. 올바른 신호를 보는 것은 퍼팅 그린에서의 성공을 보장하지는 못하지만, 훌륭한 퍼팅을 위한 중요한 첫 번째 단계입니다.

그린을 정확하게 읽는 방법

당신이 부드러운 퍼팅 스트로크와 훌륭한 자세를 완성했다고 해도, 그린을 정확하게 읽을 수 없다면 훌륭한 퍼터가 될 가능성은 거의 없습니다. 하지만 퍼팅 그린을 읽는 기술도 훈련을 통해 터득할 수 있습니다. 그린을 읽는 방법을 알게 되면 퍼팅 능력도 향상되고 퍼팅에 대한 자신감도 높아지니까요.

정확한 그린을 읽기 위해서는 그린을 평가하는 방법을 알아야 합니다. 대부분의 플레이어는 공이 그린에서 어떻게 반응하는지 판단할 수 없기 때문에 무력감을 느낍니다. 그런데 그린을 평가할 수 있어야 퍼팅 전략을 계획하는 데 필요한 정보를 얻을 수 있어요. 그린의 어느 방향으로 볼을 쳐야 할지를 알아야 퍼팅을 할 수 있기 때문이죠.

그린을 읽는 것은 그린에 접근하면서 그린의 형태를 조사하는 것으로 시작합니다. 오늘날의 골프장 설계자들은 그린을 디자인하는 기가 막힌 기술을 가지고 있습니다. 당신이 해야 할 일은 그린의 지형을 이해하고 그것이 퍼팅에 어떤 영향을 미칠지를 이해하는 겁니다. 이는 훌륭한 퍼팅의 첫 번째 도전이에요. 그린의 일반적인 모양은 어떤가요? 둥근 모양, 콩팥 모양 또는 불규칙한 모양인가요? 그다음으로 그린이 위치한 지면의 높낮이를 살펴보아야 합니다. 당신이 페어웨이보다 높은 그린에서 플레이한다면 거기에는 오르막, 내리막에 언덕 지형이 있을 수 있습니다. 그린이 평평하다면 그것은 오래된 그린일 수 있으며, 여러 해의 형성 과정을 통해서 잘 보이지 않는 높은 지점이나 홀 주변에 볼록한 크

라운 모양의 테가 형성되었을 수 있습니다.

또 어떤 문제가 있을까요? 모래 벙커와 호수 같은 위험지역(페널티 구역)은 전략적으로 낮은 지역에 배치합니다. 오늘날의 벌칙형 코스 디자인에서는 부주의한 퍼팅을 위험한 물가 쪽으로 유도하기도 하죠. 또한 모래 벙커가 그린 주변에 위치할 경우 모래와 흙이 그 주변에 쌓이게 됩니다. 결과적으로 그린의 경사는 벙커에서 멀어지고 그린의 벙커 근처에 작은 언덕이 형성되며 이것은 그린의 중앙 쪽으로 기울어집니다.

> "가장 확실한 판독을 할 때까지 스트로크를 하지 말라."
>
> _ 그렉 노먼(1988), PGA 투어

또한 그린이 뒤쪽에서 앞으로 기울어지는지 또는 그 반대 상황인지 살펴보세요. 그린에 움푹 들어간 곳, 언덕 또는 높낮이 변화가 있는지 등을 확인하세요. 그린에서 가장 높은 지점은 어디인가요? 이러한 사항을 파악하고 나면 여러분의 퍼트가 어떻게 꺾일지에 대해 매우 유용한 정보를 얻을 수 있습니다. 가끔 골프장 설계자들은 작은 언덕(Mounds)을 이용하여 당신을 현혹하려 할 수도 있습니다. 이 인위적인 경사면에서 공이 어떻게 꺾일지를 파악한다면 그린을 더욱 쉽게 읽을 수 있겠죠.

> **모든 각도에서 확인하기**
>
> 올바른 정보를 얻어야 올바른 결정을 할 수 있다.

다른 선수의 퍼팅을 관찰하라

특히 짧은 칩샷과 롱퍼팅을 하는 다른 선수들의 퍼팅을 보면 그린에 대한 많은 정보를 얻을 수 있습니다. 다른 선수들의 퍼팅을 관찰하면 볼이 굴러가는 경로, 그린의 브레이크와 속도를 이해하는 데 큰 보탬이 됩니다. 그린에서 발생하는 현상을 적극 활용하면 타수를 줄일 기회가 많습니다. 또한 여러분의 첫 번째 퍼팅에서는 홀 주변에서 공이 어떻게 반응하는지 확인할 수 있습니다. 홀을 지나가는 퍼팅인 경우 주의 깊게 관찰해두어야 두 번째 퍼팅을 어떻게 해야 할지 파악할 수 있습니다.

그린을 읽을 때는 고려해야 할 여러 요소가 있습니다. 같은 경사를 가진 그린이라면 빠른 그린일수록 더 많은 꺾임이 발생하죠. 건조하고 마른 그린은 보통 젖은 그린보다 더 빠릅니다. 젖은 그린은 건조한 그린만큼 꺾이지 않으며, 공이 라인을 따라 흐를 때 수분의 영향으로 속도가 느려집니다. 그린에 풀이 누운 방향인 잔디의 결(그레인)도 퍼팅에 큰 영향을 미칩니다. 잔디의 결과 같은 방향(순방향)으로 퍼트할 때는 반대 방향으로 보낼 때보다 볼이 더 잘 굴러갑니다. 또한 잔디의 결이 반대 방향(역결)일 경우 브레이크의 영향을 많이 받게 되고, 반면에 같은 방향(순결)일 경우에는 공이 굴러가는 방향에 큰 영향을 미치지 않을 수도 있습니다. 강한 바람은 특히 빠른 그린에서 퍼팅에 영향을 미칩니다. 이러한 단서들을 찾아보면 공이 그린에서 어떻게 반응할지를 더 잘 이해하게 될 겁니다.

퍼팅 주시안

우리의 연구와 조사 결과에 따르면 여러분의 주시안(Dominant eye, 우세안. 양 눈 중에서 시각정보를 받아들일 때 주로 의존하는 눈-역자주)이 성공적인 퍼팅에 중요하다는 것을 알게 되었습니다. 우리는 사람들이 목표물을 조준하는 능력의 요소들 중에서 주시안의 영향과 시력 및 정렬이 자신감과 어떤 관련이 있는지를 연구했습니다. 대부분의 선수들이 주시안만을 사용하여 조준할 때와 양쪽 눈을 사용했을 때의 자신감은 동일했습니다. 그러나 선수들은 우세하지 않은 눈으로 목표물을 조준할 때 자신감이 떨어지는 것을 느낄 수 있었습니다. 반면에 주시안을 사용하여 퍼팅 자세를 잡을 때는 자신감을 가졌습니다.

당신의 주시안은 퍼팅에서 가장 정확한 정보를 확보하는 데 중요한 역할을 하므로 매우 중요합니다. "어떤 눈을 사용하든지 상관없다"라는 주장은 틀린 말입니다. 따라서 목표물을 향해 조준할 때는 주시안을 사용하는 것이 합리적입니다.

목표물을 조준하는 가장 좋은 방법은 무엇일까요? 퍼팅라인을 정렬하거나 공 위에 서 있을 때 양쪽 눈을 사용해야 할까요? 그렇습니다. 이 경우에는 양안(양 눈) 시각을 사용하는 것이 더 나은 정보를 얻을 수 있습니다. 양안 시각은 3차원적으로 볼 수 있는 시각입니다. 이는 퍼팅의 '터치 감각'을 얻는 데 필요한 요소인 도형-배경 관계, 시각적 균형, 깊이 지각 및 거리 판단을 제공합니다.

그러나 양안 시각을 사용하는 동안 문제가 발생할 수 있습니다. 어떤 플레이어들은 퍼팅 시 머리를 기울이는 바람에 시각이 틀어져 방향이 틀어지기 때문이죠. 그래서 머리가 퍼팅라인에서 벗어난 상태로 홀을 바라보게 되면 시각 시스템이 왜곡되기 시작합니다. 퍼팅라인 또는 목표물을 바라보는 방향에서 눈을 라인에 딱 맞추고, 머리와 눈을 이 라인을 따라 돌리면 가장 정확한 시스템으로 읽기와 목표물의 방향을 유지할 수 있습니다. 무엇보다도, 머리를 돌릴 때 주시안은 계속해서 라인이나 목표물에 집중되어야 한다는 겁니다.

밀리언 달러 룩

공 뒤에 서서 공을 보고 난 다음 공에 접근하여 어드레스 상태에서 목표물을 바라봤을 때 처음에 본 방향과 다르게 보임으로 인하여 목표 지점을 바꿔야 하는 일이 얼마나 자주 일어날까요? '처음에 봤던 그대로 쳐야 했는데 왜 그랬을까? 원래 본 대로 퍼팅했다면 성공했을 텐데'라고 생각할 수도 있습니다. 이는 시각적 시차 변화 효과라고 알려져 있습니다. 공 뒤에서 앞으로 이동하면서 시각적 각도가 변화하며 인지한 것이 바뀌고 이것으로 인하여 라인이 다르게 보이는 겁니다. 더 이상 눈이 공 뒤쪽 라인에 있지 않고 볼 라인 위로 올라가게 되기 때문이죠. 두 개의 라인을 보게 되면 자기 확신과 결정력이 떨어지다 보니 망설이면서 퍼팅을 하게 되겠지요.

훌륭한 퍼터들은 그린, 라인, 잔디의 결, 꺾임 및 거리에 대한 정보를 얻기 위해 눈을 사용하지만, 그들은 가능한 한 가장 정확한 정보를 얻고자 합니다. 골퍼는 퍼팅라인의 공 뒤에 쪼그리고 앉아서 라인을 읽는 것이 제일 정확한 정보를 얻는 방법입니다. 퍼팅라인을 따라 볼이 굴러가는 것을 눈으로 관찰하는 것(양안 시각)은 정확한 라인 인식과 깊이 감각에 대한 시각적인 단서를 제공하죠. 이를 통해 선수들은 그린의 기울기와 브레이크(휘어짐)를 더 정확하게 볼 수 있습니다. 공 뒤에 쪼그려 앉아서 보는 것, 다시

말해서 '밀리언 달러 룩(Million Dallor Look)'이 퍼팅 어드레스 위치에서 보는 것보다 정확한 정보를 얻을 수 있습니다.

**'밀리언 달러 룩'은 라인을 가장 잘 볼 수 있는 기회다.
공 위에 서서 공을 내려다보는 동안에는 마음을 바꾸지 말라.**

"공을 보낼 경로가 잘 보이지 않는 상태에서는
절대 퍼팅하지 말라."

_ 그렉 노먼(1988), PGA 투어

스포츠 비전 전문가들은 공 뒤에 쪼그리고 앉아 퍼팅라인을 보면서 수평면에서 양안 시각을 사용하라고 말합니다. 그러나 퍼팅 어드레스 위치에서 퍼팅할 때는 눈을 수직면 또는 평행 상태로 바꿔야 합니다. 수직면에서 퍼팅을 관찰하는 것은 라인을 보기 어렵게 만듭니다. 퍼트 어드레스 위치에서의 눈으로 확인한 정보는 공 뒤에 쪼그리고 앉아서 보는 것, 즉 눈이 그린 표면에 가까이 있을 때보다 정확성이 훨씬 떨어집니다.

'밀리언 달러 룩'은 퍼팅이 어떻게 진행될지에 대한 결정을 내리기 위한 최상의 시야각을 말하는 것입니다. 공 위에 서서 퍼팅을 준비하는 동안에도 선명한 이미지를 머릿속에 떠올리도록 노력해야 합니다. 목표물에 전념하고 퍼팅을 할 때 '별 효과가 없는 (더 쉬운 방법이나 좀 더 간단한 선택)', 신뢰할 수 없는 시각에 빠지지 않도록 주의해야 하죠. 이러한 접근법들은 퍼팅을 자신 있게 하는 데 확실한 효과가 있습니다. 백만 달러는 벌지 못할지라도 퍼팅을 단순화하고 의심을 줄이는 데에는 효과적인 방법입니다.

시각 훈련과 전략

당신의 눈은 골프를 치기 위해 필요한 계획, 전략 및 결정을 내리기 위한 모든 정보를 뇌로 전달합니다. 그래서 거리에 대한 판단과 마침내 공에 가해져야 할 힘을 결정하죠. 퍼팅에서 속도는 가장 중요한 요소입니다. 왜냐하면 속도에 따라 라인이 결정되기 때문입니다. 거리를 판단하고 속도를 조절할 줄 아는 선수들은 좋은 감각과 터치를 갖추고 있습니다. 조금 오른쪽으로 꺾이는 1.5m 퍼팅을 만들고 싶다면, 여러 방법을 선택할 수 있을 것입니다. 공을 세게 쳐서 휘지 않고 똑바로 들어가게 만들거나, 또는 홀의 왼쪽으로 약간 꺾이며 들어가는 부드러운 퍼팅을 할 수도 있어요. 마지막 방법은 공을 홀 왼쪽으로 보내서 공이 홀컵 왼쪽으로 천천히 속도가 죽으면서 굴러떨어지도록 컵에 넣는 방법도 있습니다.

> "라인을 보고 그린을 읽는 것은 정말 중요하다.
> 속도와 프리퍼트 루틴만큼이나 중요한 요소다."
>
> _ 밥 번스, PGA 투어

    이러한 전략의 방향은 골퍼가 어떻게 상황을 보는지, 마음속에서 퍼팅을 어떻게 생각하는지에 따라 달라집니다. 퍼팅하는 방식도 개인의 스타일과 환경에 따라 달라질 수 있습니다. 자신감이 넘치는 선수는 브레이크를 무시하고 강하게 퍼팅하고 싶을 겁니다. 그러나 그린이 빠르고 내리막이라면 다른 접근 방식이 필요하겠지요. 당신이 선택한 퍼팅 방식과 자신감 수준이 퍼팅을 어떻게 해야 할지를 결정합니다. 그 다음 단계는 원하는 라인과 속도를 결정한 다음, 올바른 속도로 공이 라인을 따라 이동하는 것을 여러 번 상상하여 그 이미지를 뇌 속에 각인시키는 겁니다.

빅픽처; 부드러운 초점과 강한 초점을 사용하라

    선수들 대부분이 멀리 떨어져 있는 롱퍼팅을 무척 두려워 합니다. 3퍼팅의 가능성 때문이죠. 멀리 떨어진 퍼팅에서는 방향보다는 거리에 집중하는 편이 유리합니다. 3퍼팅은 공이 홀 뒤로 너무 멀리, 심하게는 3m까지 지나간 공을 다시 퍼팅해야 하는 상황에서 발생합니다. 이러한 문제를 해결하려면 계획이 필요합니다. 부드러운 초점과 강한 초점을 조합하여 퍼팅 계획을 세우면 됩니다.

'부드러운 초점'은 퍼팅이 홀에 도달하기 위해 이동해야 할 전체 거리를 볼 수 있게 해줍니다. 볼이 홀에서 얼마나 떨어져 있는지를 알 수 있고, 홀이 어디에 있는지를 인지하게 해줍니다. 또한 라인을 전체적인 넓은 시야로 파악하여 어느 정도 세기로 퍼팅해야 할지에 대한 느낌을 잡을 수 있죠.

반면에 '강한 초점' 또는 '세밀한 초점'은 공을 보내고자 하는 정확한 지점을 볼 수 있게 해줍니다. 이것은 당신이 공을 보내야 할 라인이 될 수도 있고, 최종 브레이크 포인트가 될 수도 있습니다. 퍼팅 시 이 지점은 공이 홀에 들어가기 위해 꼭 지나가야 하는 꺾이는 지점(브레이크 포인트)을 가리킵니다. '강한 초점'은 최종 1m 거리에서 공의 속도를 결정하는 데 사용합니다. 공은 홀에 가까워질수록 더욱 느리게 움직이며 더 많이 휘어지게 되어 있습니다.

따라서 퍼팅을 준비하는 과정에서 당신의 시각은 넓은 범위(부드러운 초점)에서 좁은 범위(강한 초점)로 이동하게 됩니다. 먼저 전체적인 그림을 살피고 나서, 다음 스텝으로 특정한 세부 사항에 초점을 맞출 수 있게 되죠. 이러한 전략은 당신의 주의를 집중시키는 데 꼭 필요합니다. 퍼팅의 전체적인 그림을 포함한 넓은 범위에서 시작하여 특정한 목표에 초점을 맞추도록 시야를 좁혀나가는 게 요령입니다.

작은 목표물을 정하라

긴 퍼팅을 할 때 많은 골프 강사들은 선수들에게 홀 주변의 지름 약 1m 크기의 가상 원 안으로 퍼팅하는 방법을 권장합니다. 이 개념은 퍼팅의 오차 여지를 편안하게 만들어주고, 선수가 단단한 스트로크를 칠 수 있게 해주며, 성공하지 못하더라도 그냥 톡 쳐서 홀인할 수 있는 짧은 거리를 남기는 것입니다. 그러나 큰 원에 대한 개념은 정확한 초점을 맞추기 위한 방법으로 적합하지 않아요. 필자는 이 방법이 충분히 구체적이지 않다고 생각합니다. 구체적인 목표를 정하는 편이 공을 원하는 목표 지점에 가까이 가져갈 가능성을 높여줍니다.

다트 던지기 게임이 좋은 예입니다. 다트판 전체를 바라보며 과녁의 중앙을 맞히려고 하면 성공할 수 없습니다. 그 대신, 과녁의 중앙에 초점을 맞추게 되면 시각적으로 목표를 더 정확하게 설정할 수 있습니다. 목표가 더 작아지고 초점이 더 집중되기 때문이죠. 당신의 목표가 정확하고 정밀하면 몸이 더 정확한 정보를 받아들일 수 있습니다. 눈이 초점을 맞추는 곳에 따라 마음과 몸도 따라가게 마련이니까요.

작은 목표에 집중하는 것은 짧은 퍼팅에서도 똑같이 효과적입니다. 당신이 정해놓은 퍼트라인 어딘가에 위치한 작은 목표를 선택하세요. 라인 위의 변색점, 공의 흠집 또는 특정 지점을 고르고 그것을 목표로 삼으세요. 컵 안쪽을 바라본다면 컵 안쪽의 특정 지점, 즉 찍힌 부분 등을 목표로 삼는 겁니다. 어느 방법이든 상관없어요. 단지 그 지점이나 라인에 집중하여 목표를 정하고 단호하게 퍼팅하면 됩니다.

> "조그만 잔디 한 가닥같이 좁은 목표에 초점을 맞춰라.
> 그것을 놓치더라도 크게 목표에서 벗어나지 않을 것이다."
>
> _ 비키 괴체, LPGA 투어

정확한 조준이 타율을 높인다

퍼팅할 때 가장 중요한 포인트는 공이 가야 할 곳으로 퍼터를 정확하게 조준하는 겁니다. 많은 골퍼가 잘못된 퍼팅의 원인을 자신의 스트로크, 퍼터, 그린 등 실제 원인과는 상관없는 것들을 탓하곤 하죠. 잘못된 것은 '조준'인데 말입니다. 자기가 의도한 목표 지점을 제대로 조준하고 있다고 확신하면, 이러한 자신감이 퍼팅 스트로크로 이어집니다. 조준에 대한 자신감을 느끼지 못한다면 좋은 스트로크를 치기 어려울 수 있습니다. 퍼터 헤드를 퍼팅라인에 대해 90도 또는 수직으로 조준해야 합니다.

가장 큰 문제는 대부분의 사람들이 올바르게 조준을 못 한다는 것인데요. 그 이유는 대부분이 '스퀘어(임팩트 시점에 헤드의 페이스 면이 공과 직각으로 맞는 현상-역자 주)'가 어떻게 보이는지 모르기 때문입니다. 대부분의 선수들은 퍼터를 공 뒤에 놓고 자신을 정렬하며, 퍼터가 스퀘어라고 생각하지만 실제로는 그렇지 않을 수 있습니다. 정확한 스퀘어 자세를 갖지 못한 선수들은 변형된 자세로 퍼팅을 하고, 그 '자세'를 스퀘어라고 굳게 믿습니다. 많은 선수가 풀(당겨치기) 또는 푸시(밀어치기)로 여겼던 것들이 실제로는 완벽한 스트로크일 수도 있어요.

조준이 잘못되면 잘못된 스윙으로 퍼터 헤드를 스퀘어로 만들기 위해 스윙을 거기에 맞게 수정해야 합니다. 뛰어난 퍼터들은 모두 퍼터 헤드를 제대로 공에 맞히는 일관된 방법을 가지고 있습니다. 그러니까 여러분도 정확하게 조준한 것을 믿어야 합니다. 이러한 느낌을 가졌을 때 단호하게 공을 칠 수 있기 때문이죠.

퍼터를 일관되게 조준하고 몸을 중심으로 정렬하는 방법을 찾아야 합니다. 이는 적어도 당신에게 올바른 조준을 하는 느낌을 줄 겁니다.

시선의 이동과 이미지 감쇄

퍼팅 중에 발생하는 시선의 이동은 공과 홀을 번갈아 보면서 발생하는 과정입니다. 시선이 이동하면서 새로운 대상에 초점을 맞추려면 얼마간의 시간이 필요합니다. 이것을 '적응'이라고 하는데, 선수의 시력이 멀리 있는 대상에서 가까운 대상으로 되도록 빠르게 조절될수록 강력한 목표 이미지에 집중할 가능성이 더 큽니다. 투어 선수들의 눈에 대한 연구 결과 퍼팅을 잘하는 선수들이 그렇지 못한 선수들보다 시력을 빨리 조절하는 것으로 나타났습니다. 이는 뛰어난 퍼팅을 위해 시각적 초점을 빠르게 전환하는 능력이 중요하다는 것을 보여주죠. 뛰어난 퍼터들의 최적의 초점 변환 시간은 약 1초입니다.

퍼팅은 특정한 목표에 초점을 맞추는 것을 요구합니다. 목표를 마음의 눈에 선명하게 떠올린 후에는 시선의 초점을 다시 공에 맞추도록 하세요. 마음속에 있는 목표나 선의 이미지는 빠르게 사라집니다(약 2초 안에). 눈이 공 위에서 오랫동안 머무를수록 목표나 선의 이미지와 느낌이 사라지기 더 쉽습니다. 몇 초 동안 공을 응시하다 보면 목표의 시각적 이미지가 점점 사라지는 걸 경험할 수 있어요. 또한 퍼트를 준비하는 데 너무 오랜 시간을 소비하면 불확실성이 생겨 긴장을 유발합니다. 따라서 공에 집중한 후 가능한 한 빨리 퍼트를 하는 것이 강력한 '공-목표' 지향성을 유지하고 자신에 대한 불신을 극복하는 데 도움이 됩니다.

단순함의 힘

시각은 우리 몸의 시스템 중에서 가장 우세한 감각 시스템입니다. 시각 시스템을 통해 최소한 80%의 정보를 뇌로 전달하니까요. 어떤 의미에서는 시각 시스템이 이동하는 곳으로 마음과 몸이 따라갑니다.

여러분은 퍼팅할 때 시선을 어디에 집중하나요? 공이 이동하길 원하는 특정한 지점을 바라보나요? 아니면 피하려고 하는 장소를 보고 있나요?

퍼팅하기 전에 공이 홀에 들어가는 모습을 미리 보나요? 아니면 공이 립아웃 되는 모습을 보고 있나요? 눈으로 긍정적인 정보를 읽는 편인가요?

> "퍼팅과 생각을 더 간단하게 유지할수록 더 좋다."
>
> _ 휴버트 그린(1994), PGA 투어

당신이 보는 대로 얻을 겁니다. 퍼팅은 정말 시각적인 작업입니다. 시작부터 끝까지 눈을 사용합니다. 퍼팅은 간단할 수 있고 그래야 합니다. 핵심은 눈을 사용하여 정확한 정보를 얻고 퍼팅 그린에서 성공 확률을 높이는 것입니다.

시력 개선 훈련법

연습1.

홀에서 공으로 시선을 옮길 때, 공에 빠르게 초점을 맞추어야 합니다. 그리고 공에 초점을 맞추자마자 틈을 두지 말고 퍼터를 뒤로 끌어당기세요. 스윙을 좀 더 빨리 시작하면 속도, 거리 판단, 그리고 방향이 즉시 개선됩니다.

시력 유연성을 높이고 조절력을 향상하기 위해 집에서 할 수 있는 연습이 있습니다. 이 연습은 인디애나 스포츠 비전 센터의 허버트 프라이스 박사가 개발한 것입니다. 이를 '시각적 팔굽혀펴기(Visual Push-Up)'라고 하며, 시각 조절을 담당하는 눈 근육을 훈련하고 강화하는 데 도움이 됩니다. 집게손가락을 눈앞에 30cm 떨어진 곳에 내민 상태로 고정하세요. 손가락의 지문이나 손톱에 초점을 맞추어 2초 동안 바라보세요. 이제 방 안에서 3~4m 떨어진 곳에 있는 물체에 초점을 맞추어 2초 동안 바라보세요. 그리고 다시 손가락에 초점을 맞추세요. 하루에 10분 동안 이렇게 시선을 왔다 갔다 해보세요.

연습2.

머리를 왼쪽으로 돌려서 퍼팅 컵을 바라보는 것처럼(왼손잡이라면 오른쪽을 바라보세요), 3m 정도 떨어진 땅에 가까운 물체를 바라보고 2초 동안 초점을 유지하세요. 그리고 눈을 감으세요.

무엇이 보이나요? 물체를 보았다면 마음의 눈에 회색 또는 색상이 있는 형태로 보일 겁니다. 이제 다시 물체를 바라보세요. 대상을 5초 동안 자세히 관찰하세요. 그리고 다시 눈을 감으세요. 왼손의 손가락으로 그 물체의 중심을 가리키세요. 얼마나 정확하게 가리킬 수 있나요? 왼쪽이나 오른쪽으로 벗어난 경우도 있습니다. 이는 공간적 위치감각을 테스트하는 것으로, 공간에서 자신의 위치에 따라 물체의 위치에 대한 인식을 시험하는 것입니다. 이 연습을 퍼팅 그린에서 시도해보세요. 목표를 정확하게 파악하고 마음속에 목표의 이미지를 유지하는 것이 중요합니다.

연습3.
 공의 뒤에서 스퀘어 퍼터 페이스가 어떻게 보이나요? 검은색 마스킹테이프를 직선으로 약 1.5m 이상 길게 바닥에 붙이세요. 라인의 끝에 약 15cm 정도의 테이프를 붙여 T 자 모양을 만들어보세요. 퍼터 헤드를 그 작은 선 위에 올려놓고 헤드 페이스 면을 작은 줄 위에 수직으로 세워보세요. 퍼터 헤드는 이제 긴 쪽 검은색 테이프와 수직의 90도 각도를 이룰 것입니다. 이제 이 자세에서 퍼터 헤드를 아래로 바라보세요. 이전과 다른 모습인가요? 만약 다르게 보인다면, 서로 비교를 해서 퍼터 헤드를 직각으로 인식하게 될 겁니다.

30초 마인드셋

나에게 맞는 루틴 만들기

　모든 선수에게 중요한 행동 중 하나는 퍼팅을 위한 프리퍼트 루틴(Preputt routine)을 만드는 것입니다. 프리퍼트 루틴은 자신감, 집중력, 그리고 신뢰감을 높여 좋은 성적을 올리게 해줍니다. 이러한 루틴은 성공적으로 스윙을 준비할 수 있도록 몸과 마음을 준비하는 일련의 행동(정신적으로나 신체적인)입니다. 루틴은 성과를 이끌어내기 위한 소프트웨어 패키지인 셈인데요. 아직 당신에게 자신감, 집중력, 침착함으로 각 퍼팅에 접근하는 데 도움이 되는 전략이 부족하다면, 이번 장을 주의 깊게 읽어보세요.

번거로운 프리퍼트 루틴?

루틴은 여러 가지 유용한 목적을 가지고 있습니다. 먼저, 루틴은 임무에 집중하기 위해 필요합니다. 루틴이 없으면 여러분의 마음이 무작정 퍼팅과 상관없는 잡다한 생각으로 채워지게 됩니다. 루틴은 또한 퍼팅 시 중압감을 피하는 데 탁월하게 작용합니다. 중압감은 여러분의 샷에 영향을 미치고 리듬을 깨뜨리게 됩니다. 경기 중 중압감이 느껴지면 불안과 긴장으로 이어져 퍼팅 결과를 미리 짐작하게 만듭니다. 따라서 루틴에 몰입함으로써 마음을 현재에 머물게 하고 긍정적인 생각에 집중할 수 있습니다.

> "사전에 스윙하는 루틴은 부정적인 생각을 걷어내고
> 전체 스트로크에 리듬을 만들어준다."
>
> _ 그렉 노먼(1988)

스트로크하기 전 루틴은 여러분이 치는 샷의 템포도 찾아줍니다. 루틴의 리듬이나 흐름이 퍼팅 스트로크로 이어지는 것이지요. 마지막으로 루틴은 자신감을 키우고 보다 본능적인 플레이를 하기 위해서 필요합니다. 루틴이 있으면 자신감과 결단력을 가지고 대담하게 퍼팅할 수 있습니다. 자신의 결정과 계획을 굳게 믿으면 여러분의 기계적인 스윙이 나올 수가 없습니다.

프로에게 배운다

여러 스포츠 선수들은 자신만의 루틴을 사용합니다. 농구선수들은 파울 라인에서 프리샷 루틴을 사용합니다. 농구공을 몇 번씩 튕기고 자유투를 던질 때마다 같은 방식으로 공을 돌리기도 하죠. 야구선수들은 타석에 들어가기 전에 체계적인 루틴을 통해 투구 준비를 합니다. 각 투구 후에는 타석에서 나와 루틴을 수행하지요. 볼링선수는 매번 같은 방식으로 한 프레임에 접근합니다. 손을 말리는 것부터 샷을 위한 준비, 던지는 동안 밟는 스텝 수에 이르기까지 매번 일관된 행동을 취합니다. 투어 골프선수들을 보면 각각 선수 나름대로 정해진 퍼팅 루틴이 있다는 걸 알 수 있습니다. 어떤 선수의 루틴은 복잡한 것도 있고 각 선수마다 자신만의 스타일을 고수하지만 공통점은 모든 선수들의 루틴은 일관성이 있다는 겁니다.

퍼팅을 위한 프리퍼트 루틴에는 세 가지 기본적인 요소가 있습니다.

첫 번째 요소는 자신감을 갖는 겁니다. 퍼팅에 대한 자신감이 부족하면 미스샷을 할 가능성이 높고, 잘 만들어진 루틴의 요소는 모든 의심과 우유부단함을 없애고 좋은 스트로크를 할 수 있도록 만들어줍니다.

두 번째 요소는 퍼팅에 몰입하는 것입니다. 퍼팅을 잘하려면 현재 순간에 온전히 집중해야 하고 아직 플레이하지 않은 세 홀의 난이도에 대해 생각하거나 마음이 산만해져서는 안 됩니다. 프리퍼트 루틴의 최종 목표는 스트로크를 실행하는 동안 본능적이고 반사적으로 실행되는 것입니다. 잘못된 실행의 가장 큰 원인은 의식적으로 퍼터를 제어하고 볼을 라인에 맞추려고 애를 쓰는 데 있습니다. 리듬과 템포가 잘 잡힌 스트로크는 의식적으로 제어해서는 나올 수가 없어요. 잘 만들어진 프리퍼트 루틴은 자동적으로 실행되고 자신의 스트로크를 신뢰할 수 있게 해줍니다.

훌륭한 루틴의 6가지 핵심 요소

프리퍼트 루틴은 여러 단계로 구성되어 있으며 사람마다 루틴이 다릅니다. 플레이어에 따라 루틴에는 15개 정도의 개인화된 행동이 포함될 수 있는데, 이 책에서는 간단하게 좋은 루틴의 핵심 요소 6가지를 알아보도록 하겠습니다. 이 6가지 요소를 바탕으로 자신의 플레이 스타일과 개성을 보완하는 자신만의 루틴을 개발해보세요.

구체적인 의도 공을 어디에, 어떻게 퍼트할 것인지 계획을 세우는 것부터 시작해야 합니다. 첫 번째 단계는 그린의 속도, 경사, 지형을 평가하는 겁니다. 앞서 설명한 것처럼 퍼트를 읽고 최종 결정을 내리는 능력이 중요하죠. 막연한 정보를 여러분의 몸에 전달해서는 안 됩니다. 구체적인 목표물을 선택하는 것이 중요합니다. 이는 퍼팅라인과 속도를 선택하는 것을 의미하는 데 공이 어떻게 반응할지 알 수 없다면 경험에 의해 추측하는 방법을 사용해야 합니다. 볼에 다가서기 전에 마음을 정해야 합니다.

멘탈 청사진 구체적인 계획이 세워졌다면 이제 멘탈 청사진으로 자신을 프로그래밍할 차례입니다. 멘탈 청사진이란 퍼팅이 그린에서 어떻게 반응할지에 대한 시각적 이미지, 감각, 직관 또는 느낌을 말합니다. 대부분의 플레이어에게 멘탈 청사진은 퍼팅라인의 이미지, 라인을 따라 굴러가는 공의 시각적 이미지 또는 단순히 그린에서 공이 얼마나 휘어질지에 대한 느낌입니다. 멘탈 청사진은 내가 세운 계획에 따라 내 몸이 어떻게 움직일 것인지 정보를 미리 알려주기 때문에 스스로를 프로그래밍하는 데 매우 중요한 부분입니다. 시각화에 능숙한 플레이어는 볼에서 홀까지의 선을 보고 볼이 홀을 따라 굴러가는 모습을 상상합니다. 멘탈 청사진은 신체가 반응할 수 있는 구체적인 신호를 제공하므로 멘탈 청사진이 없으면 좋은 샷을 칠 수 없겠지요.

신체적, 정신적 예행연습 루틴의 세 번째 요소는 계획을 실제로 수행하기 위해 스트로크를 '연습'하는 것입니다. 스트로크 예행연습은 현재 여러분이 실시하고 있는 퍼팅의 실제 스트로크와 유사해야 합니다. 스트로크 예행연습은 당신의 몸을 물리적으로 프로그래밍하는 방법 중 하나입니다. 근육을 워밍업하고 계획을 실행하는 데 필요한 스트로크 템포의 느낌을 포착하는 데 유용하게 사용되죠. 또한 계획과 멘탈 청사진을 시험해볼 수도 있습니다. 연습 스트로크의 템포가 청사진과 일치하지 않는다면 조정을 해야 합니다.

정확한 조준과 정렬 성공적인 퍼팅을 위해서는 의도한 라인에 조준하고 정렬하는 것이 중요합니다. 조준이나 정렬이 정확하지 않으면 아무리 자신감이 있어도 퍼팅을 성공시킬 수 없습니다(7장 이제 당신도 그린을 읽는다 참고). 정렬이 잘못되었다면 퍼팅 스트로크를 통해 이를 보완해야 합니다. 예를 들어 목표물의 오른쪽으로 정렬하였다면 퍼터를 몸쪽으로 당겨야 라인대로 볼을 칠 수 있습니다. 조준은 또한 정렬의 기준이 되기 때문에 매우 중요하죠. 퍼터와 몸을 퍼팅라인에 맞추지 못하면 정렬이 잘못될 수밖에 없습니다. 핵심은 퍼터를 조준하고 목표물에 몸을 정렬하는 체계적인 절차를 찾는 것입니다. 조준하는 방법이 정해지면 편안함을 느끼고 흔들림 없이 퍼팅을 할 수 있죠.

지속적인 움직임 좋은 루틴은 시작부터 마무리까지 몰입할 수 있어야 합니다. 루틴 과정 중에 정지 시간이 생기면 의심과 우유부단함, 망설임이 생깁니다. 이러한 감정은 부드럽고 편안한 퍼팅 스트로크를 방해하죠. 망설이는 시간이 길어질수록 자신의 결정을 의심하는 시간이 길어지는 셈입니다. 프로 선수라면 대체로 퍼팅 스트로크를 하기 바로 직전까지 루틴에 몰입이 잘됩니다. 반면에 나쁜 루틴은 퍼팅 스트로크를 하기 직전에 망설이는 겁니다. 기계적으로 훈련된 선수들은 퍼터를 다시 잡기 전에 10가지의 점검 항목을 모두 완성해야 하기 때문에 시간이 더 걸리고, 기다리는 시간이 길어질수록 기계적인 스트로크와 자신의 퍼팅 능력에 대한 의구심이 점점 더 커지죠.

> "퍼팅에 대해 생각할 시간이 줄어들수록
> 자신을 의심할 시간도 줄어든다."
>
> _ 비키 괴체, LPGA 투어

무의식적 통제 좋은 루틴의 마지막 요소는 완벽한 스트로크에 대한 생각을 내려놓고 본능에 맡기는 겁니다. 백스윙 때 퍼터가 닫혀 있는 걸 느껴본 적 있나요? 마지막 임팩트 순간에 헤드 페이스를 조종하여 밀어치기 방식으로 조정하려고 한 적이 있나요? 이는 의식적으로 퍼터를 제어하고 퍼터를 무리하게 라인에 맞추려고 노력하여 타이밍과 자연스러운 리듬을 해치는 예입니다. 스트로크가 반사적으로 이루어지도록 연습하세요. 그리고 플레이할 때는 연습을 통해 만들어진 본능에 맡기는 겁니다. 공을 라인에 맞히거나 만들려고 너무 애쓰면 몸이 긴장되어 자연스러운 스트로크를 방해할 뿐입니다. PGA 투어 선수인 래리 마이즈는 자신이 거대한 중압감 때문에 퍼팅을 잘하지 못한다는 점을 잘 알고 있습니다. 그는 "퍼팅을 정말 잘하고 싶을 때, 그때가 바로 내가 곤경에 처한 때라는 것을 압니다. 퍼팅이 잘 안 될 것 같을 때 스스로에게 압박을 가하기 시작하면 그때부터 긴장을 하게 되죠"라고 말합니다.

> 멘탈 청사진은 당신이 만들고자 하는 것을
> 정확하게 프로그래밍하는 데 필요하다.

프리퍼트 루틴의 구성 요소

다음은 바람직한 퍼팅 루틴의 6가지 핵심 요소를 통합한 퍼팅을 위한 프리퍼트 루틴의 예시입니다. 물론 자신만의 프리퍼트 루틴을 개발해야 합니다. 퍼트를 읽는 방법, 연습 스트로크 횟수, 홀을 바라보는 횟수 등은 개성과 개인 취향에 따라 달라질 수 있으니까요. 저희는 루틴을 신체적 요소와 정신적 요소로 구분했습니다. 실제로는 루틴을 진행하는 동안 해당 요소들이 하나로 어우러져야 합니다. 또한 플레이할 때 루틴의 구성 요소는 따로 분리되어 나타나지 않고 하나의 긴 동작으로 통합됩니다.

퍼팅을 위한 프리퍼트 루틴

루틴의 신체적 측면	그에 상응하는 심리적 기술
1. 볼 뒤에 서서 그린의 경사도, 목표물과의 거리 등을 평가한다.	1. 심호흡을 통해 각성 수준을 조절하고 샷을 계획한다.
2. 볼 뒤에서 시각적으로 목표물을 주시한다.	2. 공이 적절한 속도로 의도한 라인을 따라 굴러가는 모습을 머릿속으로 그려본다.
3. 볼에 다가서서 셋업을 하고 연습 스트로크를 한다.	3. 자신감을 키우기 위해 혼잣말과 큐 단어를 사용한다.
4. 공 옆에서 연습 스윙을 한다.	4. 퍼팅에 맞는 템포로 신체적, 정신적으로 퍼팅 예행연습을 한다.
5. 퍼터와 몸통을 목표물에 맞춰 정렬하고 셋업한다.	5. 퍼팅라인을 시각적으로 파악한다.
6. 최종 조정을 하고 목표물을 바라본다.	6. 몸에 컨트롤을 맡기고 자신의 스트로크를 믿는다.

라인 유지

 아마추어 골퍼들의 가장 큰 실수는 볼을 보낼 특정 라인을 선택하지 못하는 것은 물론, 자신이 파악한 정보를 믿지 못하는 겁니다. 7장에서 설명한 것처럼, 인식의 변화에 따라 브레이크에 대한 결정을 바꾸기 쉬우며, 이는 의심과 우유부단함으로 이어집니다. 이에 대한 돌파구를 제시해보겠습니다. 볼 바로 뒤에 쪼그리고 앉아서 그린으로부터 약 60cm 정도 위쪽에서 홀을 바라봅니다. 이 지점의 시선은 퍼팅라인에 있고 그린의 윤곽에 가까워서 퍼팅라인을 가늠해보기에 가장 좋은 위치입니다. 어드레스 위치에서 볼 때와 퍼트 위치에서 볼 때 라인이 다르게 보일 수 있으므로 퍼팅을 할 때 마음을 바꾸지 말기 바랍니다.

> "퍼팅을 성공시킬 확률을 높이려면 자신의 라인을 믿어야 한다."
>
> _ 그렉 노먼(1988), PGA 투어

집중력이 흐트러졌을 때 재정비하는 방법

 준비가 미처 되지도 않은 채 퍼팅을 치게 될 경우도 분명히 맞닥뜨리게 될 것입니다. 이런 상황을 대비하기 위해 멈춤이 필요한 구간을 습득해야만 합니다. 프리퍼트 루틴에는 몰입과 리듬감이 있어야 합니다. 루틴이 깨지면 리듬도 깨집니다. 여러분이 공, 홀 또는 라인에 집중하지 않았을 때를 스스로 파악할 수 있는 방법을 배우세요. 집중력을 되찾기 위해 프리퍼트 루틴을 처음부터 다시 시작해야 합니다. LPGA 투어 프로 신디 슈레이어는 집중력이 흐트러졌을 때 뒤로 물러나 루틴을 다시 시작하는 방법을 배웠습니다. "저에게는 적절한 집중력을 발휘하는 루틴이 있는데, 퍼팅 시 다른 생각을 하고 있다면 뒤로 물러서는 거예요. 그리고 중단한 지점이 아니라 프리퍼트 루틴을 처음부터 완전히 다시 시작합니다."

> "루틴이 중단되면 뭔가 잘못되었음을 느낄 수 있다.
> 그러면 빠르게 조정할 수 있고 다시 정상으로 돌아가기 쉽다."
>
> _ 그레그 크래프트, PGA 투어

**자신의 실제 성격과 자연스러운 템포에 걸맞은
프리퍼트 루틴을 개발하라.**

나만의 프리퍼트 루틴 개발하기

프리퍼트 루틴의 구체적인 행동과 리듬은 적어도 세 가지 요소, 즉 성격, 개인적 선호도, 상상력에 따라 달라집니다. 당신의 성격에 따라 루틴의 속도와 리듬이 결정됩니다. 일반적으로 편안하고 느긋한 사람은 프레드 커플스처럼 단순하고 느리게 움직이는 루틴을 선호합니다. 시간에 민감한 사람은 칩 벡처럼 더 빠르고 기계적으로 보이는 루틴을 따르겠지요.

개인적 취향에 따라 루틴에서 동작의 크기와 유형이 결정됩니다. 예를 들어 어떤 플레이어는 연습 스트로크를 한 번만 하는 것을 선호하는 반면, 어떤 플레이어는 퍼트에 대한 감각을 익히기 위해 세 번 하는 것을 선호합니다. 목표물을 조준하고 정렬하는 방법은 자신에게 가장 편안하게 느껴지는 방식에 따라 달라집니다.

마지막으로, 상상력은 퍼팅을 준비할 때 사용하는 이미지에 영향을 미칩니다. 사람들은 일상생활에서 이미지를 사용하는 방식이 각자 다릅니다. 어떤 사람들은 시각적 이미지를 통해 더 잘 배우고 더 잘 공감합니다. 또 어떤 사람은 느낌의 이미지로 더 잘 배우고, 어떤 사람은 두 가지를 모두 사용하죠. 시각적 이미지에 더 능숙하다면 퍼팅에 대한 멘탈 청사진을 만들 때 시각적 이미지를 사용해야 합니다. 퍼팅라인을 보고 의도한 라인을 따라 굴러가는 볼에 집중해야 하죠. 이미지를 느끼는 것이 더 편하다면 신체적 느낌을 이용해 멘탈 청사진을 만들어야 합니다. 템포나 공을 단단하게 접촉하는 것에 대해 더 많이 생각해야 합니다.

규칙적인 프리퍼트 루틴

퍼팅 루틴을 처음 개발할 때는 모든 것들이 루틴이 될 수는 없습니다. 이러한 루틴이 기억에 뿌리내리려면 고도의 자각이 필요합니다. 연습을 하다 보면 루틴은 습관이 되고 의식하지 않고도 몸에 배게 완성할 수 있습니다. 하지만 루틴이 자동화되면 그 효과를 잃게 될까요? 플레이어에 따라 다릅니다. 우리 연구진의 경험에 따르면 일부 플레이어는 루틴이 자동으로 설정되어 생각할 필요가 없을 때 더 잘 수행한다고 말합니다. 또 다른 플레이어는 의식적인 노력이 필요한 루틴의 안정감을 좋아합니다.

한 번 더 설명하자면, 플레이어의 예전 루틴을 수정, 변경한 후에 새로운 루틴에 익숙해지려면 상당한 집중력과 시간이 필요합니다. 이것으로 인하여 플레이어는 루틴에 정신적으로 '구속'되어 샷의 요구 사항을 잊어버릴 수 있습니다. 일부 플레이어는 루틴을 제대로 수행해야 한다는 강박관념에 너무 집중하거나 집착하게 되어 정상적인 리듬에서 벗어난다고 불평하기도 합니다. 루틴을 완벽하게 수행해야 한다고 지나치게 걱정하면 부담이 될 수 있습니다. 이런 선수는 집중력이 흐트러집니다. 이러한 유형의 플레이어에게는 루틴이 산만함의 원인이 되지 않도록 몸에 완벽히 익혀 습관적으로 수행되도록 해야 합니다.

의식적 노력을 통해 안정감을 찾는 플레이어의 경우, 플레이어의 루틴을 의도적으로 변경함으로써 루틴 수행에 대해 생각하게 만드는 것이 도움이 될 수 있습니다. 너무 기계적이거나, 너무 앞서 나가거나, 부정적인 생각을 자주 하는 플레이어는 습관적이지 않은 루틴을 미리 설정해두면 도움이 될 수 있습니다. 플레이어의 루틴을 바꾸면 현재 순간에 집중하고 긍정적으로 생각하며 지나치게 분석하는 것을 멈출 수 있습니다.

따라 하기 쉬운 루틴을 만들어라

루틴은 최소한의 의식으로 수행할 수 있는 간단한 행동 집합이어야 합니다. 완전한 집중은 시간이 정지되고 몰입 상태에 빠질 정도로 과제에 푹 빠졌을 때 발생합니다.

퍼트를 하는 동안 연습 스윙 횟수를 제대로 했는지 궁금해하는 것은 퍼포먼스를 방해할 뿐입니다. 완벽주의를 추구하는 골퍼는 루틴을 완벽하게 수행해야 한다는 강박관념에 사로잡힐 수 있습니다. 복잡한 루틴은 혼란과 과도한 분석으로 이어질 수 있습니다. 가장 좋은 방법은 루틴을 단순화하고 실행에 필요한 기본 요소만 포함하는 겁니다.

 Try This!

시각화를 통해 나에게 맞는 퍼팅 스타일 찾기

이 테스트를 통해 자신의 이미지 스타일과 능력을 알아보세요. 편안한 자세로 누워보세요. 좋아하는 코스에서 골프를 치는 자신을 경험해보세요. 그 경험을 재현하는 것처럼 그대로 해보세요. 두세 홀을 플레이한 후 어떤 유형의 이미지를 가장 많이 만들었는지 스스로에게 물어보세요. 주변 환경과 공의 날아가는 라인이 눈에 들어왔나요? 스윙할 때 몸이 느껴졌나요? 이미지는 얼마나 선명하고 생생하게 보였나요? 이러한 질문에 대한 답을 통해 가장 잘 어울리는 이미지가 무엇인지 알 수 있을 겁니다. 이러한 이미지를 퍼팅을 위한 프리퍼트 루틴에 통합하세요.

예를 들어 시각적 이미지에 더 의존하는 편이라면 퍼팅을 준비할 때 볼이 라인을 따라 굴러가는 모습을 보며 연습하세요. 감각과 촉각에 더 의존한다면 퍼팅을 하기 전에 거리와 스트로크 템포에 대한 감각을 키우고 홀까지 볼이 들어가는 것을 느껴보세요. 견고한 퍼트 소리가 마음에 든다면 견고한 접촉 소리를 재현하고 그 이미지에 집중하세요. 사실적이고 생생한 이미지를 만들기 위해 노력해야 합니다.

3부
The Mental Art of
PUTTING

긍정적인
내면을 건설하기

9장
천진난만한 본성 되찾기

두려움 내려놓는 법

　대부분 골퍼는 퍼팅을 두려워하거나 또는 즐기거나 둘 중 하나일 것입니다. 훌륭한 퍼터들은 그린에 접근하면 흥분으로 가득 차 있습니다. 이들은 침착하고 자신감이 넘치며 퍼팅에 도전하는 것을 좋아하죠. 실패에 대한 생각은 거의 떠오르지 않으며, 설령 떠오르더라도 금방 잊어버립니다. 훌륭한 퍼터는 자신의 실력을 테스트할 기회를 좋아합니다. 그들은 퍼팅에 몰입하고 그 순간들의 느낌을 즐깁니다. 뛰어난 퍼터는 그린 위에서 두려움이 없죠.
　퍼팅을 두려워하는 골퍼라면 얘기가 달라집니다. 이들에게 퍼팅은 탈출구가 없는 고문과도 같습니다. 퍼팅을 두려워하는 골퍼는 퍼팅에 대해 과도한 불안감을 느끼며 골프를 온전히 즐기지 못합니다. 골프를 즐길 수는 있겠지만 퍼팅은 두려워합니다. 퍼팅을 불안해하는 이런 선수들은 게임의 절반을 놓쳐버리게 됩니다. 이들은 '티에서 그린까지'만 게임을 합니다.

> "나는 퍼팅을 좋아한다. 퍼팅에서 이기든 지든 바로 그 순간 결과를 알 수 있기 때문이다."
>
> _ 그레그 크래프트, PGA 투어

본질적으로 퍼팅은 모든 라운드의 모든 홀을 마무리합니다. 하루 종일 티에서 그린까지 멋진 샷을 칠 수 있다고 해도 그 샷을 제대로 활용하지 못하면 아무 소용이 없습니다. 티에서 그린까지 공을 잘 쳤는데도 그린에서 스코어를 내지 못한다면 매번 골프에 낙담하고 좌절하게 될 겁니다. 퍼팅이 두렵다면 두려움과 불안감을 극복하는 것이 과제입니다.

두려움을 극복하면 티에서 홀까지 골프 플레이의 만족감을 누릴 수 있습니다. 내면의 싸움에서 승리하기 위한 첫 번째 단계는 두려움(또는 불안감)의 근원을 살펴보고 이를 해결하기 위한 올바른 조치를 취하는 겁니다.

> "두려움은 부정적인 생각이 생겨나는 작은 암실과 같다."
>
> _ 마이클 프리처드

내 안의 두려움

인간의 특징은 감정이 있다는 겁니다. 기쁨, 슬픔, 행복, 두려움 같은 감정은 모든 사람에게 공통적인 것이지요. 이 중 두려움과 불안감은 유용한 목적을 가지고 있습니다. 사실 두려움은 생존을 위한 대처 메커니즘이에요. 두려움은 위험이나 위협 요소가 존재할 때 이를 알려주고 이에 대처할 수 있도록 준비시키니까요. 하지만 두려움은 심신이 마비될 정도로 우리를 압도할 수 있습니다. 이런 상태에서는 생산성과 업무 성과가 저하됩니다. 불안감은 잠재적으로 위협적인 상황에 대한 불안이나 걱정으로 설명할 수 있는데요. 두려움은 극단적인 불안감의 한 형태이며 특정 위협에 대한 우리의 반응입니다. 성공적인 퍼팅의 열쇠는 먼저 불안감과 두려움의 원인을 파악하고, 이를 정면으로 대결하는 것입니다.

인간은 진화를 통해 위험이나 안전에 대한 위협에 대처할 수 있는 생존 메커니즘을 개발했습니다. 위협적인 상황에 대한 우리의 반응을 '투쟁 또는 도피 반응'이라고 합니다. 이 반응은 신체적 또는 심리적으로 위협을 느낄 때 발생합니다. 위험이 느껴지면 우리는 곧바로 경계 태세를 취합니다.

우리는 그 상황에서 싸우거나 도망치는 방식으로 대처하죠. 신체에서는 이에 대처하기 위해 화학물질을 혈액 속으로 방출합니다. 생리적으로 아드레날린과 기타 화학물질이 순간적으로 분비되어 근육으로 보내져 에너지를 증가시키고 주의력을 증가시킵니다. 이 모든 것이 스트레스 요인과 싸울 수 있도록 일어나는 일이죠. 자녀가 위험에 처했을 때 부모가 어떻게 초인적인 힘과 용기를 발휘하는지에 대한 일화를 통해 이러한 신체적 반응을 확인할 수 있습니다.

골프에서는 물리적으로 위험에 처하지는 않지만 심리적으로 위협받을 수는 있습니다. 사건에 대한 인식이 투쟁 또는 도피 반응을 촉발합니다. 어떤 사건을 스트레스나 위협으로 인식하면 겁이 나거나 불안해집니다. 어떤 사안을 즐겁거나 긍정적인 것으로 인식하면 정상적인 수준의 준비 또는 활성화로 반응하게 되죠. 위협적일 가능성이 있는 상황은 그 상황을 위협적인 것으로 인식할 때만 스트레스가 됩니다. 불안과 두려움은 스스로 만들어내는 것이지, 어떤 사람이나 어떤 사건도 여러분을 불안하거나 두렵게 만들지 않습니다.

> 두려움, 의심, 불안은 모두 마음속에서 만들어낸
> 부정적인 그림에서 비롯된다.

그린 위 스트레스

퍼팅을 홀에 넣어야 한다는 압박감을 느끼게 되면 투쟁 또는 도피 반응이 시작됩니다. 경기에서 승리하기 위한 마지막 1m 퍼팅을 시도할 때 몸이 앞으로 달려나가거나 숨이 막히거나 멈추고 싶어지는 느낌이 들죠. 손이 떨리고, 손바닥에 땀이 나고, 호흡이 빨라지고, 심박수가 빨라지고, 생각이 명료하게 정리되지 않습니다. 이런 상태에서는 퍼팅을 잘하기 어렵습니다. 이런 상황에서는 긴장을 완화하고 다가오는 위기에 대한 인식을 바꿔야 합니다. 불안과 두려움의 근원을 인식하는 것이 좋은 출발점입니다.

우리는 교사, 코치 또는 부모로부터 실수에 대해 배우고, 결국 실수를 두려워하는 법을 배웁니다. 예를 들어 학교 교육 시스템은 학생들이 무엇을 잘못했는지에 초점을 맞춥니다. 학생이 실수를 하면 교사는 학생이 틀렸다는 것을 지적합니다. 이러한 교정 피드백은 학습을 돕기 위한 것이지만, 학생에게 무언가를 놓쳤거나 답이 잘못되었음을 알려줍니다. 답안지의 맨 위에는 마이너스1, 마이너스2 등의 글이 적혀 있습니다. 선생님은 학생이 정답을 몇 개나 맞혔는지 파악하는 대신 오답에 초점을 맞추니까요.

퍼팅 그린에서도 비슷한 시나리오가 발생합니다. 골프 라운드가 끝나면 대부분의 골퍼는 자신이 놓친 퍼트, 즉 홀을 돌아 나간 퍼트를 기억합니다. 퍼팅이 홀에 들어가지 않을 때마다 골퍼의 머릿속에서 작은 알람이 켜지고 다음과 같이 외칩니다. "놓쳤어요! 빗나갔네요!" 얼마나 많은 퍼팅을 넣었는지가 아니라, 미스한 퍼팅 숫자에 관심이 집중됩니다.

일주일 내내 완벽한 스트로크를 위해 연습했는데 경기 당일이나 대회 당일에 퍼팅이 실망스럽거나 적어도 그렇게 보이는 경우가 있습니다. 이런 선수들은 이렇게 생각합니다. '그때 짧은 퍼팅 두 개만 놓치지 않았어도 멋진 라운드가 될 수 있었을 텐데'라고 말입니다. 놓친 퍼트에만 집중하다 보면 부정적인 기억만 쌓이게 됩니다. 이런 상태가 오래 지속되면 퍼트를 놓칠 가능성이 자꾸 높아집니다. 일반적으로 골퍼들은 자신이 성공시킨 퍼트는 기억하지 못하고 놓친 퍼트만 기억합니다. 그 결과 미스샷을 두려워하게 됩니다. 이런 상황을 바로잡지 않으면 자신감에 심각한 영향을 미치게 됩니다.

플레이어는 모든 퍼팅을 성공시킬 수는 없습니다. 그럼에도 불구하고 실패가 항상 자기 잘못은 아니라는 사실을 잊어버립니다. 퍼팅의 결과에 영향을 미치는 자신이 통제할 수 없는 요소는 너무

나 많습니다. 그린이 불규칙하거나 스파이크 자국으로 인해 볼이 라인을 벗어났기 때문에 멋지게 퍼팅을 하고도 퍼팅 실수를 할 수 있습니다. 완벽한 그린에서 1.5m 퍼팅이 성공할 확률은 50% 미만입니다. 퍼팅 거리가 멀어질수록 성공 확률은 낮아집니다.

플레이어가 퍼트를 놓치면 어떻게 되나요? 물리적으로는 다시 퍼팅을 하거나 볼마크를 해야 합니다. 자신감 넘치는 플레이어라면 미스는 단지 하나의 미스일 뿐이라고 생각하죠. 반면에 자신감이 부족한 플레이어는 퍼팅에 좌절해버립니다. 그리고 다음 퍼팅을 할 때 미스샷에 대한 기억이 더욱 강해지죠. 당연히 자신감이 떨어집니다. 자책과 좌절감에 휩싸인 플레이어는 마법의 치료법을 찾기 시작합니다. 그래서 이런 사람은 매일 어프로치를 바꾸고 퍼팅은 더욱 나빠지게 되는 겁니다.

골퍼에게 가장 큰 적: 실패에 대한 두려움

자신을 믿고, 자신의 능력을 신뢰하고, 퍼팅을 할 수 있는 토대 위에서 지속 가능한 퍼팅 자신감을 쌓을 수 있습니다. 실패한 퍼팅이나 미스에 집중하는 것만큼 자신감을 더 빨리 떨어뜨리는 것은 없습니다. 퍼트 실수는 선수들이 프로 투어에서 탈락하는 주요 요인입니다. 골퍼들이 자신의 개인 최고 스코어를 경신하는 데 어려움을 겪는 가장 큰 이유이기도 하죠.

두려움은 부정적인 기억과 결과에 집중하게 만듭니다. 하지만 좋은 점도 있습니다. 자신의 퍼팅을 효과적으로 분석해볼 수 있습니다. 퍼팅 실수에 대한 기억은 과거입니다. 그러니 실수와 관련된 부정적인 감정을 떠올리지 마세요. 어제 또는 그 전 홀에서 무슨 일이 있었든, 현재에 집중하고 퍼팅 성공에 대한 새로운 그림을 그려보세요. 모든 퍼팅은 새롭습니다. 과거에 대한 생각은 정신 에너지를 고갈시킬 뿐입니다. 당신은 현재 순간에 일어나는 일만 통제할 수 있다는 걸 잊지 마세요.

> "좋은 퍼터는 2.4m짜리 퍼트 6개를 연달아 놓칠지라도,
> 다음 6개의 퍼트를 성공시킬 수 있다는 사실을 알고 있다."
>
> _ 어니 랜포드, 플로리다 주립대 골프 코치

대부분의 플레이어는 골프 라운드에서 성공하는 퍼트보다 놓치는 퍼트가 더 많습니다. 클라이드 솔리 박사 등이 실시한 연구에 따르면 2.1m 직선의 평평한 그린에서 투어 최고의 퍼터들의 성공률은 50% 정도라고 합니다. 투어 프로들도 완벽하게 다듬어진 그린에서 시도한 2.1m 퍼트를 절반은 놓친다는 것입니다.

최고의 퍼터들도 아주 짧은 퍼트를 놓친다는 것을 알 수 있습니다. 누구도 실수에서 자유로울 수 없다는 것이지요. 하지만 우리는 퍼트 실수를 두려워합니다. 퍼트 실수는 한 타를 줄이거나 한 타를 추가할 기회를 날려버렸다는 뜻이기 때문이죠. 미스는 틀렸다

는 의미가 아닙니다. 퍼팅에 실패했다고 해서 실패자가 되는 것은 아닙니다. 단지 한 번의 불만족스러운 시도일 뿐이죠.

어리석고 무능해 보이는 것에 대한 두려움

골퍼들은 어떤 이유로든 볼이 홀에 들어가지 않을 때마다 자신이 바보 같거나 무능해 보인다고 느낍니다. 이는 특히 짧은 퍼트에서 더욱 심해집니다. 퍼팅이 좋지 않은 골퍼의 혼잣말에는 불확실성과 우유부단함이 가득합니다.

공이 들어갈 확률이 높다는 것을 알지만 '이번엔 놓치지 마, 아무도 놓치지 않아'라는 자기 의심의 목소리가 들립니다. 플레이어는 실행과 공을 치는 과정에 대해 생각하는 대신, 자기 의심에 집중하고 자신을 당황시키지 않으려고 노력합니다. 사실상 이런 선수는 자신의 방식대로 움직이게 됩니다.

자존심 깨뜨리기

선수들은 실수에 대해 바보 같다고 느끼기 시작하면 보통 자신의 불행을 감추기 위해 몇 가지 일을 합니다. 한 가지 방법은 자신이 정말 퍼팅을 하려던 것이 아니었다고 이야기하는 겁니다. 이런 생각을 하는 골퍼들은 항상 홀아웃이나 짧은 퍼트를 싫어합니다.

그들은 모든 퍼팅을 홀아웃하지 않고 컨시드를 받으려고 합니다. 그들은 항상 누군가가 숏퍼트를 'OK' 해주기를 바라고 있습니다.

대회 시간이 다가오면 이런 선수들은 짧은 퍼트에 대한 압박감에 굴복해 퍼트를 잘하지 못할 가능성이 아주 높습니다. 그들은 보통 자신에게 주어진 짧은 퍼트를 놓친 후 라운드 초반에 쉽게 정신이 혼미해집니다. 그들은 그동안 대회에서 숏퍼트를 성공시킬 수 있다고 스스로를 속여 왔습니다. 실제로는 진정한 퍼팅 자신감의 토대를 쌓을 수 있는 기회에서 스스로를 속인 셈입니다.

골퍼들은 미스샷을 할 때 자존심을 지키기 위해 변명을 늘어놓습니다. 그린, 동반자들의 잡담, 장비 등의 구실을 찾으며 창피함을 피하려고 합니다. 심지어 자신의 무능함을 비웃기도 하죠. 매번 실패할 때마다 비웃고, 이때마다 자신감을 잃은 골퍼의 내면은 서서히 죽어갑니다. 실패를 웃어넘기는 행동은 자신을 지켜보는 다른 사람들에게 어떻게든 더 잘하는 것처럼 보이게 하는 데 도움이 됩니다. 짧은 퍼트를 놓쳐 당황하거나 굴욕감을 느끼는 것보다 영향을 받지 않은 것처럼 보이는 것이 훨씬 나으니까요.

혼자서 또는 친구와 함께 플레이할 때 짧은 퍼트를 놓치는 것은 별개의 문제이지만, 많은 사람이 지켜보고 있을 때는 그 고통이 견딜 수 없을 정도로 커집니다. 아마도 인간이 가진 가장 큰 두려움은 다른 사람들 앞에서 자신을 창피하게 만드는 일일 겁니다. 이것이 대중 연설이 어려운 이유입니다. 사람들은 낯선 사람들 앞에서 바보처럼 보이거나 어리석은 말을 하는 걸 두려워합니다. 자존심, 자기 이미지가 위태로워지기 때문이죠.

골프 코스에서도 마찬가지이지만 퍼팅 그린에서는 더욱 심해집니다. 공을 페어웨이 한가운데 250야드까지 똑바로 날려 보내고 4번 아이언으로 컵에서 1m 이내에 붙일 수 있지만 퍼팅을 놓친 선수는 좌절할 수밖에 없습니다. 퍼팅을 놓쳐 바보처럼 보일지도 모른다는 두려움은 참을 수 없는 상황이 됩니다. 이러한 상황은 결과에 대한 상당한 압박감으로 쌓이고, 무언가가 작용할 때마다 더욱 분명해집니다. 이러한 상황에서 퍼팅을 두려워하는 플레이어는 종종 최악의 상황에 직면하게 됩니다.

초킹의 두려움

많은 골퍼가 압박감을 느끼면 퍼팅을 잘하지 못합니다. 압박감은 아주 단순한 순간에 시작되지만 궁극적으로 압박감을 주는 실체는 그 순간에 대한 자신의 인식입니다. 압박감을 느끼는 플레이어가 퍼팅을 성공하면 표정에서 안도감을 느낄 수 있습니다. 플레이어가 퍼팅 실수를 하거나 홀을 심하게 벗어나면 결과는 뻔합니다. 여러분이 보게 되는 것은 지금껏 골퍼에게 쌓인 압박감이 드러난 모습입니다.

> **압박감에 대처하지 못하는 골퍼는 자기 의심과 두려움에 사로잡혀 퍼팅을 마치 사형선고처럼 여긴다.**

골프에서 동반 골퍼가 할 수 있는 최악의 행동은 누군가에게 자신들이 방금 초킹(choking)했다고 말하는 겁니다. 초킹 증상이란 골퍼가 두려움, 불안 또는 부적절한 주의집중으로 인해 경기에서 일관된 경기력을 발휘하지 못하는 것을 말합니다. 대부분의 플레이어는 특정 초킹 포인트 또는 초킹 임계값을 가지고 있습니다. 이는 플레이어의 자연스럽고 자동적인 행동이 멈춰지고, 두려움에 압도되는 지점입니다. 한때는 꽤 쉬웠던 샷을 어이없게 실수하게 됩니다. 초킹은 터치샷과 퍼팅에서 더 잘 나타납니다.

스스로에게 쌓인 압박감은 플레이어를 불균형 지점까지 밀어붙여 기계장치가 고장 나게 합니다. 매치플레이 게임의 결정적인 순간에 퍼팅을 성공시키지 못하는 것이 자신의 가장 큰 약점이라고 많은 골퍼들이 이야기합니다. 따라서 골퍼들은 1:1 시합을 좋아하지 않습니다. 그들은 대중의 이목을 받는 상황에서 자신의 약점을 드러내느니 차라리 자존심을 지키고 싶어 하죠. 숨이 멎을 것 같은 위험을 감수하고 싶지 않기 때문입니다.

선수들이 볼을 '쿡' 찌르거나 살짝 밀어 컵에 넣으려고 할 때 초킹하는 모습을 종종 볼 수 있습니다. 매끄럽고 자신감 넘치던 스트로크는, 공이 홀에 들어갈 기회를 주지 않는 약하고 스쳐 지나가는 스트로크로 변합니다. 극도의 압박감으로 인해 초킹 상태에 들어간 대부분의 퍼터는 볼이 홀에 한참 못 미치는 퍼팅을 하게 됩니다. 그린에서 스스로 '질식 상태(Choker)'임을 체험한 골퍼는 지울 수 없는 치명적인 충격을 받게 됩니다. 일단 초커라는 꼬리표가 붙으면 플레이어는 그 꼬리표를 믿기 시작합니다. 그리고 그 꼬리표를 떼어내는 데 어려움을 겪죠. 그렇게 되면 골프는 당신에게 숨 막히게 어려운 게임이 됩니다. 이런 부정적인 꼬리표가 당신을 따라다니게 할 필요는 없습니다.

입스와 프리징

골프에서 가장 큰 두려움은 '입스(yips)' 또는 '프리징(freezing)'에 시달리는 겁니다. 골프 세계 어디를 가더라도 누군가가 '입스'가 있다고 말하는 것을 듣게 됩니다. '입스'는 골프에서 치명적인 증상으로, '프리징'으로 이어질 수도 있습니다. 일부 골프 이론가들은 입스가 반복되는 퍼팅 실패로 인해 결국 퍼팅에 대한 자신감이 완전히 무너진다고 주장합니다. 다른 사람들은 입스가 작가의 경련 증상, 바이올리니스트의 증후군, 컴퓨터 프로그래머가 걸리는 질병을 포함한 여러 직업병 가운데 일부라고 설명합니다. 미세한 운동 제어와 손재주가 필요할 때 손과 손가락이 통합적인 움직임을 하지 못하는, 제어할 수 없게 된 상태이죠. 따라서 이런 환자는 무기력해지고 정상적인 기능을 할 수 없습니다.

숏게임 전문가인 데이브 펠츠는 이러한 증상에 대해 자신의 저서 《프로처럼 퍼팅하라》에서 신경외과 의사의 말을 인용하면서 '엄청난 스트레스로부터 유기체를 보호하도록 설계된 인간 뇌의 안전장치'라고 설명했습니다. 인간의 뇌는 재난이 발생하기 몇 밀리초 전에 보호 메커니즘으로 작동을 멈추기 때문에 무슨 일이 일어나고 있는지 전혀 의식하지 못합니다. 퍼팅 직전에 뇌가 정지하면 골퍼는 자신이 무엇을 했는지, 또는 하지 않았는지 깨닫지 못합니다. 골퍼들은 사실상 원인이나 결과를 인지하지 못합니다.

입스 증상에 대한 많은 이론이 타당성을 가지고 있습니다. 신경생리학적인 관점에서 볼 때 경련, 움찔함 또는 궁극적으로 입스 증상을 유발하는 정확한 메커니즘은 알 수 없습니다. 다만 놓치는 것에 대한 두려움이 퍼팅에 대한 두려움을 악화시키고, 이러한 두려움이 프리징 증상과 입스 증상 사이에 관련이 있다는 것은 확실합니다.

골퍼가 주의집중력 저하나 불안으로 인해 신경 근육을 안정적으로 제어하지 못하는 것이 바로 입스 증상이라고 생각합니다. 극심한 불안이나 두려움은 골퍼가 근육 상태를 안정시키고 퍼팅을 원활하게 할 수 없게 합니다. 프리징 증상은 골퍼가 퍼터를 볼에서 완전히 끌어당기지 못하고 퍼팅 스트로크를 시작할 수 없을 때 발생합니다. 입스가 있는 대부분의 골퍼는 최소한 클럽 헤드를 뒤로 빼서 볼에 접촉할 수 있습니다. 그러나 프리징 증상은 골퍼가 클럽을 백스윙할 수 없음을 의미하며, 말 그대로 볼 위에서 멈춰 있는 상태입니다. 골퍼는 클럽을 다시 움직이고 싶지만 손과 팔이 꼼짝도 하지 않습니다. 마치 다가오는 차에 대한 두려움으로 길 한가운데서 얼어붙은 사슴과 같지요. 프리징은 입스보다 훨씬 더 치명적일 수 있지만 둘 다 치료가 가능합니다. 한 번 걸렸다고 해서 계속 걸리는 것은 아닙니다. 실제로 입스 때문에 고생하던 투어 프로와 클럽 프로들이 다시 자유롭게 퍼팅을 하고 있습니다.

그린에서의 두려움 극복

당신은 퍼트 미스 전문가인가요? 퍼팅을 놓치는 방법을 거의 다 알고 있을 정도로 많은 퍼팅을 놓친 경험이 있으신가요? 토마스 에디슨은 전구를 완성하기 위해 약 1만 번의 시도를 했습니다. 에디슨은 실패에 대한 전문가였습니다. 무엇이 잘못되었고 어떻게 마침내 정답을 찾았느냐는 질문에 그는 "너무 자주 실패하다 보니 마침내 잘못할 수 있는 방법이 다 떨어졌습니다"라고 대답했습니다. 그리고 "나는 모든 실패 덕분에 성공할 수밖에 없었다"고 덧붙였죠.

토마스 에디슨은 다른 사람들이 포기하는 동안 자신에 대한 믿음을 바탕으로 끝까지 인내했습니다. 아무리 안 좋더라도 여러분 자신이나 퍼팅을 포기하지 마세요. '더 이상 퍼팅을 못 하겠어' 또는 '난 못 하겠어'라고 포기하는 플레이어는 두려움 없이 퍼팅을 해낼 가능성이 거의 없습니다. 스스로에게 '나는 퍼팅을 잘하고 있고 계속 나아지고 있다'고 끊임없이 상기시키면 퍼팅 실력은 반드시 향상될 것이고 두려움도 극복할 수 있습니다.

> "골프공은 골프공이고, 홀은 홀이고, 그린은 그린일 뿐이며,
> 모든 것은 경쟁을 어떻게 바라보고
> 어떻게 대처하느냐의 문제이다."
> _ 퍼기 블랙몬, 사우스캐롤라이나 대학교 골프 코치

과거 지우개

당신은 그동안 퍼트를 여러 번 놓쳤습니다. 퍼트를 놓치는 데는 전문가였지만, 과거가 지금 당신을 지배할 필요는 없습니다. 과거가 아닌 현재를 살아야 하니까요. 퍼팅 전문가가 되는 선택을 하세요. 퍼팅을 위해 거의 모든 방법을 시도해보았지만 여전히 퍼팅이 되지 않는다면 자신의 태도를 분석해보아야 할 때입니다. 장비

나 기술이 부족한 것이 아닐 수 있으니까요. 퍼팅 기술을 점검하는 방법은 자신감을 갖고 두려움을 극복하는 것에서 시작합니다. 여러분에게는 여전히 충분한 잠재력이 있습니다.

어린아이처럼 천진난만하게 퍼팅하기

우리는 아이들에게서 많은 것을 배울 수 있습니다. 아이들은 사회적 시선이나 주변의 거부에 대한 두려움 없이 놀이를 즐기지요. 어렸을 때 당신은 강요나 구속 없이 자유로운 삶을 살았습니다. 두려움이나 불안감 없이 온전히 현재의 순간에 살아본 경험이 있습니다. 어린 시절, 당신은 부정적인 생각에 영향을 받지 않았습니다. 두려움과 불안은 어른들의 전유물일지도 모릅니다. 아이들이 퍼팅을 잘하는 이유는 당연합니다. 결과에 대한 두려움 없이 현재 순간에 온전히 집중하는 것, 바로 이것이 훌륭한 퍼팅의 핵심 요소입니다. 아이들은 지금 이 순간을 위해 살아갑니다.

이전에 일어난 일이나 앞으로 일어날 일은 중요하지 않습니다. 그 어떤 것도 지금 하는 일에 방해가 되거나 주의를 분산시키지 못하니까요. 아이들의 자유로운 태도는 두려움 없이 퍼팅을 하고 어떤 일이 일어나든 받아들일 수 있게 해줍니다. 공이 홀에서 3m를 지나가도 상관없습니다. 다른 사람의 판단, 비판, 거부는 문제가 되지 않습니다. 아이들도 잠깐 부끄러워할 수 있지만, 그것은 단지 놀이일 뿐입니다. 아이들이 놀이에 실패해서 좌절하고 화를 내는 것을 본 적이 있나요? 그럴 가능성은 아주 낮습니다. 아이들은 무언가를 놓쳤을 때 단기 기억력이 짧으니까요. 여러분도 그래야 합니다.

　아이들은 말 그대로 노는 것입니다. 실패하더라도 아이들은 방해받지 않는 열정과 긍정적인 기대감으로 다음 놀이를 이어갑니다. 아이들은 새로운 퍼팅에 완전히 몰입할 수 있는 자유가 있으며, 퍼팅을 놓치든 성공하든 똑같은 열정을 가지고 계속합니다. 부정적인 생각이나 감정, 상처받은 자존심, 부끄러움은 이들의 세계에는 존재하지 않습니다. 그들은 현재를 즐기기에 너무 바빠서 과거를 되새길 여유가 없습니다. 성인들도 어린이들처럼 플레이한다면 더 좋은 퍼팅을 할 수 있을 겁니다. 성인, 특히 골프를 치는 사람들은 과거도 미래도 없는 것처럼 플레이하는 법을 배워야 합니다. 넘어지고 실패해도 아이처럼 언제든 다시 일어나서 다시 시도할 수 있습니다. 현재의 '어른스러운' 사고를 계속할 수도 있고, 아이들처럼 생각할 수도 있습니다. 창의적이고 자유롭게 생각하는 법을 배워보세요. 다시 어린아이처럼 퍼팅하는 법을 배워 스스로를 구속하지 않고 자연스럽게 퍼팅하게 될 것입니다.

　당신은 공을 일관되게 치는 방법을 알고 있습니다. 그린을 읽고 언듈레이션과 브레이크를 식별하는 방법도 알고 있을 테고요. 오르막 퍼트에서는 더 힘을 주고 치고, 내리막 퍼트에서는 더 부드럽게 치는 법을 배웠을 겁니다. 빠른 그린과 느린 그린에서 속도를 조절하는 방법도 알고 있을 테죠. 연습이나 경험을 대신할 수 있는 것은 없습니다. 당신의 경험을 당신 안에 있는 어린아이의 천진난만한 태도와 접목해보세요. 의심할 여지 없이 퍼팅 실력이 향상될 것입니다.

> "퍼팅을 반드시 성공시켜야 한다는 생각은
> 스스로에게 너무 큰 부담을 주게 된다."
>
> _ 밥 에스테스, PGA 투어

**어린아이와 같은 태도로 퍼팅하면
두려움 없이 자연스럽게 퍼팅할 수 있다.**

첫 퍼팅을 '두 번째' 시도라고 생각하라

퍼팅할 준비가 되었다고 생각했는데 긴장한 탓에 퍼팅을 놓친 적이 얼마나 있었나요? 우리 대부분은 실수한 퍼트를 다시 치면서 두 번째 시도에서 성공할 수 있는지 확인합니다. 그리고 결과는 대개 좋습니다. '왜 첫 번째 퍼트에서는 그렇게 하지 못했을까?'라고 생각한 적이 있을 것입니다. 두 번째 퍼트에서는 어떻게 성공할 수 있었나요? 더 나은 퍼트를 치기 위해 스트로크를 조정했나요? 아니면 긴장을 풀고 두 번째 시도에서 부드러운 스트로크에 집중했나요? 아마도 두 번째 시도에서는 더 편안하고 두려움이 없었을 겁니다.

　퍼팅을 하려고 올라간 순간은 새로운 의미를 지닌 또 다른 퍼팅입니다. 많은 아마추어 골퍼들이 그렇듯이 스코어를 낮추기 위해 플레이할 때는 결과가 마음속에 크게 자리 잡고 있습니다. 실수할지도 모른다는 생각은 긴장을 증가시키고 이는 스트로크 컨트롤로 이어집니다. 실수에 대한 생각 때문에 두려움과 긴장감은 평소의 편안한 태도와 부드러운 스트로크를 변형시키게 됩니다.

　플레이어가 실수한 퍼팅 위치에 다시 공을 놓고 퍼팅을 하면 대부분 두 번째 퍼팅은 성공시킵니다. 실패에 대한 두려움, 스코어에 대한 걱정, 친구나 동료 경쟁자 앞에서 좋지 않게 보일 것이라는 생각은 곧 사라집니다. 그런 다음 같은 지점에서 두 번째 퍼팅을 아무런 거리낌 없이 시도합니다. 스트로크는 매끄럽고 물 흐르듯 편안하며 통제력이 있습니다. 그렇기 때문에 모든 퍼팅을 두 번째 시도처럼 하는 것이 좋은 이유입니다. 두 번째 시도할 때와 같은 마음가짐을 가질 수 있다면 퍼팅 실력이 향상될 겁니다. 이러한 마음가짐은 또 다른 실수를 두려워하기보다 성공하는 과정에 집중하게 되고 결과를 잊을 수 있는 계기가 됩니다.

"퍼팅에 집착하면 좋은 스트로크를 하지 못할 가능성이 높다."

_ 밥 번스, PGA 투어

그린에서 현실 점검하기

수년 전 투어에서 최고의 퍼터 중 한 명은 캐리 미들코프 박사였습니다. 그는 퍼팅이 좋지 않은 라운드 중 한 번은 퍼팅을 하지 못하더라도 아내가 여전히 자신을 사랑하고, 개가 여전히 자신을 알아볼 것이며, 세상이 끝나지 않을 것이라고 스스로에게 상기시켰다고 합니다. 이 정신없는 게임을 즐기는 모든 분들에게 건강하고 합리적인 조언이라고 생각합니다.

"내가 이 퍼팅을 성공하든 실수하든 상관없는 사람이 전 세계에 8억 명이 넘는다"라고 스스로에게 말하면 상황을 객관적으로 바라볼 수 있습니다. 스스로에게 이러한 현실을 돌아보게 만들면 반드시 성공해야 한다는 부담감을 줄일 수 있죠.

"너무 긴장을 많이 하면 '반드시 해야만 하는' 상황이
어쩔 수 없는 현실이 되어 퍼팅을 실수하게 된다."

_ 멕 말론, LPGA 투어

스스로에게 유능한 전담 코치가 되어주기

많은 선수가 첫 퍼트를 성공하면 자신감과 신뢰가 생길 것이라고 생각하지만, 그런 일은 일어나지 않습니다. 그보다는 긍정적인 자기 대화가 코스에서 가장 강력한 자산 중 하나가 될 수 있죠. 단, 혼잣말은 항상 자신을 격려하고 지지하는 것이어야 합니다. 필요하다면 스스로를 격려하세요. 퍼팅 그린에서 나만의 코치가 되어 보세요.

과제에 집중하기

퍼팅에 대한 압박감이 느껴진다는 것은 그만큼 신경이 쓰인다는 뜻입니다. 결과가 중요하다 보니 신경이 쓰이겠지요. 또한 여러분도 인간이며 다양한 감정과 생각, 감성이 있다는 뜻이기도 합니다. 어떤 상황에서 긴장감을 느끼지 않았다면 그 상황에 신경 쓰지 않거나 무관심하다는 뜻일 수 있습니다.

> "하루 내내 퍼팅을 많이 넣지 못했다면
> 결과에 대해 걱정하지 말고 실행하는 과정에 집중해야 할 때이다."
> _ 래리 마이즈, PGA 투어

두려움은 경기 결과와 관련이 있습니다. 예를 들어 파 퍼트를 놓쳐서 매치게임에서 패배할까 봐 걱정하는 것이죠. 두려움 때문에 플레이어는 퍼팅에 집중하기보다 경기에서 이기는 것에 집중합니다. 퍼팅에 대한 압박감에 대처하는 가장 좋은 방법은 과제를 행동의 결과와 분리하는 겁니다. 자신이 통제할 수 있는 것, 즉 실행과 현재에 집중하는 데 초점을 맞추세요. 클럽이 공에 닿는 순간, 공은 이미 여러분의 통제에서 벗어난 것입니다. 당신의 임무는 실수를 피하는 것이 아니라 볼을 라인 위에 올려놓는 겁니다.

Try This!

불안과 두려움을 극복하는 방법

다음 팁은 퍼팅 중 불안과 두려움을 극복하는 데 도움이 될 것입니다. 이 전략 중 하나 또는 모두를 14일 연속으로 시도해보세요. 퍼팅에 집중하고 견고한 퍼팅을 치면 압박감에 대처하는 능력이 향상될 것입니다.

팁1. 과정에 집중하기

중요한 퍼팅에 다가갈 때마다 머릿속에 떠오르는 결과를 삭제하세요. 과거의 기억과 퍼트를 성공했거나 놓쳤을 때의 결과는 모두 잊어야 합니다. 퍼팅라인을 제대로 맞추기 위해 무엇을 해야 하는지에만 집중하세요.

잘되는 진행에 대해서만 생각하세요. 루틴에 집중하고 공을 라인 위에 굴리거나 적절한 속도로 굴리는 데 집중하세요.

팁2. 지속적인 퍼팅 루틴 유지하기

플레이어는 공 위에서 멈추거나 얼어붙으면 스스로를 의심하고 자신감을 잃게 됩니다. 이렇게 되면 팔, 손, 어깨에 긴장감이 쌓이죠. 자기 의심, 불안, 우유부단함을 증가시키므로 볼 위에서 너무 많은 시간을 보내지 마세요. 프리퍼트 루틴과 퍼팅 동작 내내 리드미컬하고 연속적인 동작을 유지하세요. 몸, 손, 눈을 계속 움직여 루틴을 일관성 있게 유지하세요. 자신만의 퍼팅 루틴이 없다면 8장을 참고하여 지금 바로 루틴을 개발하세요.

팁3. 복식호흡을 깊게 하기

스트레스를 받을 때 자신을 안정시키는 한 가지 방법은 의식적으로 긴장을 푸는 것입니다. 이때 호흡은 긴장된 몸과 마음을 정상 상태로 되돌릴 수 있는 훌륭한 방법입니다. 볼 뒤에서 퍼팅을 읽으면서 두세 번 심호흡을 하세요. 볼을 어드레스하기 위해 이동하면서 다시 한번 심호흡을 합니다.

하복부가 부풀도록 코로 숨을 깊이 들이마시세요. 마지막으로 홀을 바라볼 때 팔과 그립의 힘을 빼고 입으로 숨을 완전히 내쉽니다. 이렇게 하고 나면 매우 부드럽고 서두르지 않는 스트로크를 할 수 있습니다.

팁4. 지체없이 퍼팅하기

홀에서 볼 쪽으로 시선을 옮겼을 때 가능한 한 빨리 볼에 다시 초점을 맞추고 지체없이 퍼팅하세요. 이렇게 하면 홀에 대한 강한 시각적 이미지를 유지하고 반사적인 동작을 유발하여 경직되는 것을 방지할 수 있습니다. 볼에 다시 초점을 맞추면 즉시 퍼터 헤드를 뒤로 젖히세요. 이는 일종의 시각적 트리거 또는 앞쪽 방향으로 밀어주는(forward press) 역할을 합니다.

또한 앞쪽 방향으로 밀어주는 동작을 사용하여 스트로크를 시작할 수도 있습니다. 볼에 다시 초점을 맞춘 후 손을 홀 쪽으로 약간 앞으로 밀고 퍼터 헤드를 뒤로 가져갑니다. 이렇게 하면 백스윙 중에 퍼터 헤드에 집중하여 퍼터가 볼에 구속되는 것을 방지할 수 있습니다. 마지막으로 홀을 바라보면서 퍼팅을 해보세요. 자신의 스트로크를 믿으세요. 이 방법으로 퍼팅을 시작한 초보자는 기존 방법만큼이나 효과가 좋은 퍼팅을 할 수 있습니다.

팁5. 공의 특정 부분에 집중하기

퍼팅을 똑바로 치고 공의 특정 부분에 집중하는 플레이어는 공을 더 잘 굴립니다. 퍼팅을 할 때 긴장된다면 이 기술을 사용해보세요. 볼이 정확한 거리로 굴러가도록 하려면 볼을 똑바로 쳐야 합니다. 그래야 볼이 라인을 더 잘 따라갈 수 있습니다. 공의 뒷면, 숫자나 문자 또는 공의 보조개에 초점을 맞출 수 있습니다. 시각적 가늠자를 사용해 공을 확실하게 치세요.

팁6. 완전한 신뢰와 자신감으로 퍼팅하기

신뢰와 자신감을 가지고 공을 치세요. 자신감이 생기고 편안해질 때까지 공을 퍼팅하지 마세요. 역학이나 볼을 치는 방법은 잊어버리세요. 자신이 없다면 뒤로 물러나서 다시 시작하세요. 퍼팅에 공격적으로 임하고 결과에 만족하세요. 훌륭한 퍼팅은 미스 퍼팅과 3퍼팅을 피하려고 노력하는 것이 아니라 퍼트를 하기 위해 해야 할 일에 집중하는 것입니다.

완벽한 퍼팅을 위한 마음 단련법

자신감 성장 로드맵

　훌륭한 퍼팅에는 그린을 읽는 능력, 퍼팅라인을 시각화하는 능력, 퍼팅을 성공할 수 있다는 믿음 등 몇 가지 중요한 요소가 포함되어 있습니다. 퍼팅이 잘 풀리면 심리적 추진력과 자신감이 생기고 더 나은 플레이를 할 수 있습니다. 그런데 퍼팅이 안 되면 반대 현상이 발생하겠지요. 플레이가 잘 안 되고 뜻대로 되지 않을 때는 스스로에게 더 나쁜 플레이를 하라고 주문을 걸게 될지도 모릅니다.

　선수들이 항상 자신감과 긍정적인 추진력을 가지고 플레이할 수 없는 이유는 무엇일까요? 긍정적인 사이클이 어딘가에서 깨지지 않으면 선수들은 항상 자신감을 갖고 퍼팅을 더 잘하게 될 겁니다. 대부분의 아마추어와 일부 프로 골퍼는 한두 번의 나쁜 퍼트나 샷으로 인해 기세가 꺾일 수 있습니다. 기세가 꺾이면 플레이어의 마음은 의심으로 가득 차게 되고, 이는 우유부단함과 망설임의 여지를 더 많이 남기며, 우유부단함은 형편없는 퍼팅 스트로크를 낳게 됩니다. 곧 플레이어는 '하향 소용돌이'에 빠져버립니다. 플레이어는 한두 번의 퍼팅을 더 놓치면 퍼팅 감각이 떨어졌다고 생각하고 퍼팅 부진이 계속될 것으로 예상합니다.

플레이를 마친 후 여러분이 놓친 퍼팅과 성공하지 못한 퍼팅을 떠올리는 경우가 얼마나 자주 있나요? "오늘 더 잘 칠 수 있었는데"라고 중얼거립니까? 그런데 15홀에서 9m짜리 퍼트가 홀인된 것을 떠올리나요? 파세이브를 위해 홀에 넣었던 퍼트를 기억하나요? 보통은 그렇지 않을 겁니다. 대부분의 플레이어는 놓친 퍼트에 대한 생각만 하고, 그 쉬운 퍼트 두 개를 놓치지 않았더라면 라운드가 어떻게 더 좋아졌을까를 생각합니다. 그런데 이런 생각은 자신감에 부정적인 영향을 미칩니다.

자신감 채우기: 항상 유지해야 할 자세

어떤 선수들은 자신도 모르게 정신적으로 스스로를 방해합니다. 이런 선수들은 경기 전날 밤에 어떻게 하면 멍청해 보이지 않고 다음 날 창피하지 않을지 생각합니다. 이들은 자신의 플레이가 형편없을 때 다른 사람들이 어떻게 생각할지를 두려워합니다. 스스로를 방해하는 선수들은 티잉 그라운드에 올라가기 전부터 나쁜 플레이를 할 핑계를 찾기도 합니다. "바람이 너무 많이 불어서", "그린이 너무 울퉁불퉁해서", "오늘은 피곤해서"라고 말하죠. 핑계를 대는 것은 플레이어에게 플레이가 잘 안 되는 이유를 만들어주고 종종 퍼팅이 안 되는 이유를 뒷받침하는 나쁜 브레이크나 기타 사건을 찾게 만듭니다.

대회에서 좋은 플레이를 하기 위한 마음 훈련에는 코스 밖에서도 퍼팅에 대한 자신감을 유지하는 것이 포함됩니다. 코스 밖에서 퍼팅을 잘해야 한다는 생각은 몇 퍼센트나 되나요? 그리고 퍼팅을 잘하지 못하거나 코스에서 당황하지 않을 방법을 찾으려는 생각은 얼마나 되나요? 어제 놓친 세 개의 짧은 퍼트에 대해 생각하나요, 아니면 성공했던 퍼트에 대해 생각하나요? 퍼팅을 잘 못 한다는 이미지를 가지고 있나요?

마지막으로 해야 할 일은 코스에 도착해서 퍼팅이 잘 안 된 이유를 분석해보는 겁니다. 첫 번째 퍼팅을 놓쳤다면 현재의 태도를 고려했을 때 어떻게 대응하시겠습니까? "오늘은 나의 날이 아니야"라고 말하며 라운드 초반에 포기할까요? 더 나은 대안은 최선을 다해 퍼팅해야 하는 좋은 이유를 생각해보는 겁니다. 연습에서 퍼트를 몇 번이나 성공했나요? 과거에 멋진 퍼팅 라운드를 한 적이 있을 것입니다. 압박감이 느껴지는 상황일지라도 그동안 성공시킨 많은 퍼팅을 생각해보세요. '나는 과거에도 해냈고 앞으로도 할 수 있다'는 생각에 집중해야 합니다. 이런 태도를 가지면 처음 두 퍼팅을 놓치더라도 다음 퍼팅에서는 성공할 기회를 잡을 수 있습니다. 여러분이 가진 퍼팅의 강점에 집중하고 자신이 잘하는 것을 중심으로 자신만의 플레이를 구축하세요.

내 안의 긍정적인 코치

우리 각자는 스스로에게 아군이 될 수도 있고 적이 될 수도 있습니다. 어느 날이든 퍼팅을 잘할 수 있다고 스스로를 격려하고 칭찬할 수도 있고, 그렇지 않다고 비판하고 자책할 수도 있습니다. 다른 사람이 퍼팅에 대해 하는 말은 무시하고 넘어갈 수 있지만, 스스로에게 하는 말은 무시할 수 없습니다.

혼잣말은 도움이 될 수도 있고 부담이 될 수도 있습니다. "넌 뛰어난 퍼터가 아니야", "넌 퍼팅을 잘 못해", "넌 절대 뛰어난 퍼터가 될 수 없어"라고 항상 자신에게 부정적으로 말하는 것은 자신을 지치게 합니다. 스스로에게 휴식을 주고 패배자가 아닌 챔피언처럼 스스로에게 이야기하세요. 퍼팅을 잘할 수 있고, 퍼팅을 잘해

왔으며, 앞으로도 잘할 수 있다고 스스로에게 말하세요. 투어 최고의 퍼터 중 한 명인 그렉 크래프트는 그린에 집중하기 위해 끊임없이 혼잣말을 합니다. 그는 라인을 선택하고, 그 라인에 집중하고, 눈에 보이는 것을 믿으라고 스스로에게 상기시킵니다. 심지어 집중력이 떨어질 때는 혼잣말을 통해 스스로를 다독이기도 합니다. 그는 스스로를 격려함으로써 집중력을 '강화'하고 몰입도를 높입니다.

퍼팅 성공의 순간은 천 번의 퍼팅 연습과 맞먹는다

퍼팅을 잘하기 위해 정신적으로 훈련하는 가장 좋은 방법은 퍼팅하는 자신의 모습을 상상하는 것입니다. 성공적으로 퍼팅하는 자신의 모습을 상상하면 자신감을 높일 수 있습니다. 최고의 퍼팅을 기록했던 라운드를 떠올려보세요. 어떤 느낌이 들었나요? 스스로 제어할 수 있었다고 느꼈나요? 집중이 잘 되었나요? 모든 퍼팅을 성공시킬 수 있다고 믿었나요? 무엇이 모든 퍼팅을 성공시킬 수 있다는 믿음의 시작이었나요?

최선을 다해 플레이했을 때의 생각과 감정을 떠올려보세요. 다음 라운드에서도 똑같은 긍정적인 감정과 생각으로 플레이하는 자신의 모습을 상상해보세요. 최고의 퍼팅 라운드를 떠올리며 다음 라운드에서도 같은 집중력과 자신감으로 퍼팅하는 모습을 상상해보세요. 첫 번째 그린에서 퍼팅라인을 읽고, 라인을 선택하고, 프리퍼트 루틴을 거쳐 볼을 홀에 넣는 자신을 경험해보세요. 퍼팅을 거듭하는 자신의 모습을 보며 멋진 퍼팅에 대한 기억을 쌓아보세요.

> 퍼팅을 잘하는 자신의 모습을 상상하면
> 자신감이 생기고 퍼팅 능력에 대한 신뢰가 강화된다.

완벽한 퍼팅은 없다

라운드를 시작하면서 퍼팅을 잘할 수 있으리라 기대했는데 기대에 못 미치게 플레이한 경험이 다들 있을 겁니다. 기대치가 높으면 일반적으로 게임에 부정적인 영향을 미칩니다. 잘 해낼 것이라는 마음속 기대는 자신감을 갖게 해줍니다. 하지만 자신의 플레이가 기대에 미치지 못하면 좌절감을 느끼고 자신의 노력이 실패로 여겨지기 쉽습니다. 당신은 기대에 못 미치는 플레이는 자신감을 떨어뜨리므로 절대 원치 않을 겁니다. 하지만 기대치가 너무 높으면 스스로 실패를 자초하게 됩니다. 첫 번째 샷이나 퍼팅이 잘못되면 예상했던 플레이가 나오지 않아 라운드를 망칠 수 있죠.

> "생각만큼 퍼팅을 잘할 수 없다는 사실을 받아들여라."
>
> _ 잭 니클라우스, PGA 시니어 투어

대부분의 플레이어는 자기 플레이에 대한 기대가 없을 때 최고의 경기를 펼칩니다. 퍼트 18개를 완벽하게 칠 수는 있지만, 퍼트 결과에 영향을 미치는 무작위 또는 우연적인 요소가 있기 때문에 모든 퍼트를 성공시킬 확률은 매우 적습니다. 모든 퍼팅을 성공시킬 수는 있지만, 모든 퍼팅이 성공할 것이라고 기대하기는 어렵죠. 각 퍼트를 성공시킬 수 있다는 믿음을 갖는 편이 더 나은 선택일 겁니다. 올바른 태도는 '모든 퍼팅을 할 수 있지만, 모든 퍼팅이 들어갈 것이라고 가정하지는 않는다'입니다. 퍼팅을 할 수 있다고 믿되, 훌륭한 퍼팅을 칠 수 있지만 홀에 들어가지 않을 수도 있다는 사실을 받아들여야 합니다.

대회를 대비한 퍼팅 훈련

토너먼트 플레이는 일반적으로 아마추어 플레이어를 더 진지해지고, 마음을 다스리고, 긴장하고, 불안하게 만듭니다. 스스로에게 가하는 압박감은 골프를 다른 게임으로 만듭니다. 플레이어의 마음속에서는 과업이 바뀌지만 실제로는 같은 과업입니다.

같은 골프 코스, 같은 홀 수, 같은 과제를 수행해야 합니다. 이벤트에 대한 인식만 달라질 뿐이죠. 단순한 1m 퍼팅이 생사를 가르는 상황이 될 수도 있습니다.

연습 그린에서 퍼트를 치는 것과 같은 방식으로 각 퍼트에 접근하도록 마음을 준비해야 합니다. 과제는 변하지 않았습니다. 퍼팅 라인을 읽고, 라인을 선택하고, 퍼팅을 할 수 있다고 믿고, 자연스럽게 스트로크가 일어나도록 해야 합니다. 대회 결과와 자신의 성적에 집착하는 것이 보편적입니다. 하지만 각 퍼트를 똑같이 대하고 퍼트를 놓치거나 성공했을 때 퍼트가 의미하는 바에 얽매이지 않는 것을 목표로 삼아 다음 대회를 준비하세요. 퍼트 하나하나를 도전 과제로 여기고 집중할 수 있도록 노력하세요. 최종 결과는 여러분이 마음대로 할 수 있는 것이 아닙니다.

퍼팅 부진에 대한 처방

세계 최고의 선수들도 퍼팅이 잘 안 되는 날이 있습니다. 중요한 것은 퍼트가 떨어지지 않을 때 어떻게 대처해야 하는지 알고 있다는 겁니다. 이를 통해 프로선수는 75타를 71타로, 아마추어는

85타를 79타로 만들 수 있습니다. 감각이 좋지 않은 날에 대처할 수 있는 시스템이 필요합니다. 이를 위해 퍼트가 떨어지지 않을 때 일반적으로 어떻게 반응하는지 생각해보세요. 일반적인 반응을 나열해보세요. 여기에는 다음과 같은 것들이 포함될 수 있습니다. 좌절하여 퍼팅을 더 열심히 시도하거나, 집중력을 잃거나, 자신감을 잃고 아무것도 할 수 없다고 느끼는 겁니다. 퍼팅이 잘되지 않을 때 어떻게 반응하는지 이해하면 상황을 악화시키지 않고 라운드를 마치는 데 도움이 되는 최선의 방법을 선택할 수 있습니다. 퍼팅이 잘 안 될 때 대비하기 위해 연습할 수 있는 몇 가지 방법을 소개합니다.

좌절감이 볼 타격에 영향을 미치지 않도록 하세요. 퍼팅이 잘 안 되면 게임의 다른 부분에 부담을 느껴 더 열심히 하려고 할 수 있습니다. 퍼팅이 잘 안 되는 날에는 게임의 다른 부분에서 더 공격적으로 플레이하게 될 수 있어요. 더 가깝게 치거나 핀에 더 가깝게 칩샷을 해야 한다는 압박감을 느끼게 됩니다. 이렇게 하려면 볼을 더 멀리 보내야 하므로 남은 그린까지의 어프로치샷 거리가 짧아집니다. 결국 퍼팅 난조는 게임 전체에 영향을 미칩니다.

퍼트할 때마다 새로운 퍼팅 성공 기회로 생각하세요. 과거는 잊어버리세요. 과거의 홀을 돌아 나간 퍼트, 3퍼트, 1m 미스 퍼트는 잊어버리고, 매번 퍼트가 처음이자 마지막 퍼트라는 생각으로 임해야 합니다. 좋은 스트로크를 할 수 있는 새로운 기회라는 생각으로 퍼트를 치세요.

다음 퍼팅이 당신의 퍼팅에 다시 활기를 불어넣을 것이라고 생각하세요. 골프 코스에서 퍼팅이 잘 안 되는 날을 상상해보세요. 그런 뒤 다음 퍼팅이 라운드에 활기를 불어넣고 퍼팅을 잘하게 만드는 퍼팅이라고 상상해보세요. 자신감과 낙관적인 태도로 루틴을 진행하는 자신을 상상해보세요. 남은 하루를 망쳐야 할 이유 대신 추진력을 얻을 수 있는 방법을 찾아보세요.

결과는 잊어버리고 오직 과업에만 집중하세요. 실패하면 매우 실망스러울 수 있습니다. 이때는 미스샷도 골프의 일부라는 사실을 스스로 상기시켜야 할 때입니다. 멋진 퍼트를 여러 번 쳤는데도 불구하고 볼이 홀에 들어가지 않은 경우도 있을 테니까요. 모든 것을 제대로 하고도 미스샷을 할 수 있습니다. 여러분도 가끔 잘못된 판단을 내릴 수 있다는 것을 알아야 합니다. 정확한 속도로 볼을 라인에 태울 수 있다면 성공한 것입니다. 그 순간부터는 여러분의 손을 떠난 일입니다.

확률 게임을 해보세요. 대처하는 또 다른 방법은 확률 게임을 하는 것입니다. 이 방법은 퍼팅을 많이 놓칠수록 다음 퍼팅에 성공할 확률이 높아진다고 생각하는 태도입니다. 자유투 성공률이 70%인 농구선수가 처음 네 개의 자유투를 놓쳤다면 다음 세 개는 성공할 확률이 높아집니다.

루틴을 고수하세요. 다음 라운드를 플레이하는 자신을 상상해보세요. 퍼트가 떨어지지 않습니다. 문제가 없을 수 있는데도 문제에 대한 해결책을 찾으려고 할 것입니다. 시간을 늘리거나 줄이거나, 스트로크 경로에 집중하거나, 루틴을 바꿀 수도 있겠죠. 하지만 이럴 때는 프리퍼트 루틴을 수행하는 자신을 상상해보세요. 평소에 하던 방식대로 집중해서 플레이하는 자신을 확인하세요. 미스샷 때문에 퍼팅에 대한 접근 방식이 바뀌지 않도록 하세요. 조정이 필요하다면 볼 위치나 자세를 한번 바꿔보세요. 기본적인 사항을 확인하되 프리퍼트 루틴을 바꾸지 마세요.

인내심을 가지라고 스스로에게 말하세요. 퍼팅에서 가장 중요한 자질은 아마도 인내심일 겁니다. 퍼팅이 잘 안 되는 날 좌절하는 자신을 떠올려보세요. 그런 다음 플레이가 잘 풀릴 때 인내심을 발휘하는 자신을 그려보는 겁니다. 이제 곧 퍼팅이 떨어지기 시작할 것입니다. 여러분이 미스한 퍼팅에 대한 수많은 이유를 나열하고 자신을 탓할 수도 있지만, 당신이 마음을 다스리는 기술을 알고 있다면 그렇게 실망하고 자책할 필요가 없습니다.

> 인내심은 좌절과 실패한 시도에 영향을 받지 않고
> 퍼팅에 자신감을 가질 수 있게 해주는 자신감의 한 형태이다.

당신의 목표는?

다음 라운드를 위해 마음을 단련하는 훌륭한 방법은 여러분이 달성하고자 하는 목표에 집중하는 것입니다. 목표는 여러분이 성취하고자 하는 대상에 긍정적인 방식으로 집중할 수 있도록 합니다. 목표는 다음 라운드를 망치지 않는 방법에 대해 생각하는 대신, 좋은 성과를 내는 과정에 집중할 수 있도록 할 것입니다.

목표는 코스에서의 행동을 이끄는 원동력입니다. 다음 라운드의 목표는 무엇인가요? 퍼팅을 잘하는 것이 목표일 수도 있지만, 퍼팅을 잘하기 위해 무엇을 해야 할지를 먼저 결정해야 하지 않을까요? 퍼팅에 대한 목표는 여러 가지일 수 있습니다. 라운드당 같은 퍼트 횟수를 기록하는 것을 목표로 삼을 수도 있죠. 하지만 더 좋은 방법은 실행 또는 프로세스 목표에 집중하는 것입니다. 과정 목표의 예를 들면 퍼팅할 때마다 공을 잘 굴리기, 의도한 라인에 공 태우기, 프리퍼트 루틴 고수하기, 퍼팅할 때마다 인내심 유지하기 등이 있습니다. 과정 목표를 설정하면 좋은 퍼트를 치는 데 집중할 수 있고 결과나 결과에 따른 영향으로부터 벗어날 수 있습니다.

 Try This!

완벽한 퍼팅의 순간을 상상하라!

최고의 퍼팅을 위해 집중해야 할 목표를 한 가지만 선택하세요. 최근 잘하지 못했던 것, 예를 들어 자신의 리드를 믿고 퍼팅 스트로크를 하는 나의 모습을 상상해보세요. 다음 라운드에서 자신감이 풍부하게 충전된 상태로 플레이하는 모습도 상상해보세요. 프리퍼트 루틴을 수행한 후 퍼팅할 때마다 자신감을 가지고 공을 치는 자신을 경험해보세요. 다음 라운드 준비를 목표로 여러분의 눈으로 본 것을 신뢰하는 연습을 해보세요.

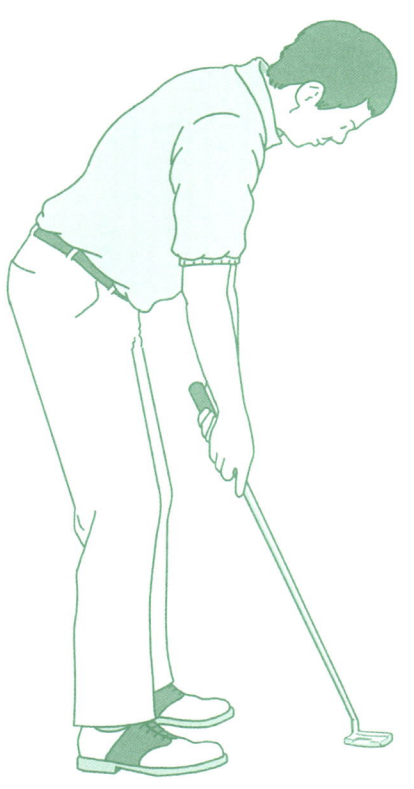

4부
The Mental Art of
PUTTING

효과적인
퍼팅 트레이닝의 비결

11장
효과 좋은 퍼팅 연습 방법

코스에 적용시켜라!

　훌륭한 퍼터는 타고나는 것일까요, 아니면 만들어지는 것일까요? 어떤 선수는 뛰어난 터치와 부드러운 손을 선천적으로 가졌을 테지만, 어떤 선수는 훌륭한 퍼터가 되기 위해 부단히 노력해야 합니다. 진정으로 훌륭한 퍼터가 되려면 눈과 손의 적절한 협업과 미세한 근육 조절 능력을 태어날 때부터 지니고 있어야 된다고 생각하지만, 연습을 통해 이러한 신체적 능력을 개발해야만 최고가 될 수 있습니다. 유전자는 바꿀 수 없지만 훈련량과 훈련의 질을 향상할 수는 있습니다. 연습은 스트로크의 리듬을 익히고, 터치와 느낌을 개발하고, 자신의 방식에 대한 자신감을 얻고, 퍼트가 어떻게 반응하는지 이해하는 데 없어서는 안 될 필수 요소입니다.

효과적으로 이루어지는 물리적 훈련은 퍼팅에 대한 자신감을 향상시켜줍니다. 효과적인 연습 방식은 실제로 필드에 나갔을 때 겪게 될 경기 경험과 경기에 적용할 기술들에 큰 영향을 줍니다.

퍼팅 연습을 할 때 연습 그린에서 아무 생각도 없이 여러 개의 퍼팅을 하는 것은 별 의미가 없습니다. 스포츠 심리학에 대한 우리의 경험과 연구에 따르면 실제 경기 상황과 유사할 때 그 연습이 더 효율적이라고 합니다. 따라서 퍼팅 연습을 할 때는 상상력을 발휘하고 집중해야 합니다.

> "연습을 많이 하지 않았다면 지금처럼 뛰어난 퍼팅을 할 수 없었을 것이다. 자신감은 연습에서 비롯된다."
>
> _ 래리 마이즈, PGA 투어

연습과 경기의 차이점

퍼팅 연습의 목적은 경기에서 퍼팅을 잘하기 위한 것이지만 일반적으로 골퍼들은 다른 방식으로 훈련을 합니다. 실력 있는 선수들이 연습 그린에서는 퍼팅을 잘하는데 코스에만 가면 퍼팅을 잘하지 못하는 경우가 있습니다. 이런 유형의 선수들은 골프 코스에서 퍼팅을 잘하기 위한 퍼팅 연습을 하지는 않습니다.

연습 목표 중 하나는 일관되고 언제나 반복 가능한 리드미컬한 퍼팅 스트로크를 구사하는 것이어야 합니다. 더 중요한 목표는 코스에서 감각과 터치를 개발하고, 자신의 스트로크를 신뢰하는 법을 배우고, 자신만의 방법과 퍼팅 능력에 대한 자신감을 얻는 것입니다. 실력과 자신감. 이것이 바로 우리의 연습 목표가 되어야 합니다. 그러나 대부분의 플레이어는 스트로크 메커니즘을 만들기 위한 연습만 합니다.

코스에서는 어떻게든 공을 홀에 넣는 것이 목표입니다. 그러기 위해서는 역학을 버리고 자신감, 집중력, 신뢰를 가지고 퍼팅을 해야 합니다. 그러기 위해서는 습관이 될 정도로 스트로크를 연습해서 코스에서 자동조종 장치에 자신을 맡길 수 있어야 합니다.

> "퍼팅을 기계적으로 생각하면
> 라운드 중에 퍼팅을 잘하기가 매우 어렵다."
>
> _ 래리 마이즈, PGA 투어

세계 최고의 퍼터들은 퍼팅은 신체적인 부분보다 정신적 부분에서 영향을 더 많이 받는다고 생각하며 이에 우리 필자들도 동의합니다. 일단 코스에 들어서면 스트로크 메커니즘을 잊고 퍼터 헤드를 보는 것을 멈춰야 합니다. 너무 많은 플레이어가 역학에만 집중하고 자신의 방법을 철저하게 믿는 법을 배우지 못해 스트로크를 망치는 원인이 됩니다. 경기 중에 스트로크 연습을 할 수는 없습니다. 코스에서는 연습한 대로 플레이하고 자연스러운 스트로크가 나오도록 해야 하니까요. 기계적인 스트로크를 할수록 스트로크가 어색하게 느껴집니다. 뛰어난 퍼터들은 자신의 퍼팅을 믿습니다. 그들은 몇 가지 기본적인 것은 지키지만 대부분은 자신감 있는 태도와 성공할 수 있다는 믿음을 우선적으로 가지고 있습니다.

자연스러운 퍼팅

퍼팅을 연습하는 가장 효율적인 방법은 실전 코스에서 마주치는 조건과 똑같은 상황에서 연습하는 것입니다. 코스에서 플레이하는 것과 비슷한 조건과 상황에서 연습하면 실제 코스에서도 퍼팅을 더 잘할 수 있습니다.

"코스에서 직면하게 될 조건과 유사한 조건에서
더 많이 연습할수록 연습에서 더 많은 것을 얻을 수 있고
코스에서 플레이할 때 성공할 가능성이 더 높다."

_ 밥 에스테스, PGA 투어

비슷한 그린에서 연습하기 모든 골퍼가 다른 분야의 운동선수들과 다르게 직면하는 한 가지 어려움은 다양한 그린 표면과 조건에 적응하는 일입니다. 다양한 그린 속도에 적응하는 것은 투어 프로들에게 가장 큰 도전 과제이죠. 이를 위해서는 대회를 할 때와 같은 그린 또는 유사한 그린에서 연습하며 해당 그린에 대한 감각을 개발해야 합니다. 이를 특이성 훈련이라고 합니다. 느린 그린에서 연습을 하고 나서, 빠른 그린 코스에서 플레이하면 서로 다른 터치 감각을 몸에 익혀야 하기 때문에 퍼트를 자꾸 멀리 치는 실수를 합니다. 코스의 그린에 복합 경사가 많다면 비슷한 그린에서 연습하세요. 그린에 대한 올바른 느낌과 터치를 개발하고 그린에서 볼이 어떻게 반응하는지 이해할 수 있습니다.

다양한 거리를 연습해보기 3m, 6m, 9m, 12m 등 다양한 길이의 퍼팅과 그사이의 모든 거리에서 퍼팅을 연습해보세요. 매일 3m 퍼팅만 연습한다면 9m에서 퍼팅을 잘할 수 있을까요? 별로 좋지 않을 것입니다. 거리를 자주 바꿔보세요. 50개의 퍼트를 치려고 한다면 전부 3m만 치지 마세요. 가능한 한 다양한 길이의 퍼트 연습을 해서 코스에서 낯설게 느껴지는 거리가 없도록 하세요.

다양한 브레이크 연습 다양하게 휘어지는 퍼팅의 유형과 강도로 퍼팅해보세요. 왼쪽에서 오른쪽으로 휘어지는 퍼팅, 오른쪽에서 왼쪽으로 휘어지는 퍼트를 시도해보세요. 차례로 브레이크가 큰 퍼트, 작은 브레이크 그리고 이중 브레이크가 있는 퍼트 등 여러 가지 브레이크를 시도해봅니다. 각 휘어지는 퍼팅의 거리도 바꿔가면서 해보세요. 오르막과 내리막 퍼팅도 물론입니다.

다양한 브레이크의 퍼팅을 연습하면 시각화를 더 잘할 수 있고 이는 터치감 향상에도 도움이 됩니다. 휘어지는 퍼트에는 터치감과 상상력이 모두 필요합니다. 볼에 브레이크가 어떻게 작용할지, 어떻게 휘어지는지를 보거나 느낄수록 퍼팅 스트로크를 할 때 더 자신감을 가질 수 있습니다. 자신에게 익숙한 퍼팅만 연습하지 마세요. 왼쪽에서 오른쪽으로 휘는 퍼팅에 어려움이 있다면 더 많은 시간을 오른쪽으로 휘는 퍼팅 연습에 투자해야 합니다.

> "올바른 방법으로 연습하면
> 준비 되었다는 감각을 느끼게 되고 자신감도 생긴다."
>
> _ 비키 괴체, LPGA 투어

**압박 상황을 정신적으로 연습하면
코스에서 만나는 압박에 대처하는 데 도움이 된다.**

압박 상황 시뮬레이션 코스에서 퍼팅 연습을 하는 방법을 배우는 가장 좋은 방법은 코스에서 마주치는 압박 상황을 시뮬레이션하는 것입니다. 이를 위한 한 가지 방법은 자신과 마인드 게임을 하는 겁니다.

마지막 홀에서 1.5m 퍼트를 성공해야 클럽 챔피언십에서 우승할 수 있고 더 나아가 US오픈에서 우승할 수 있다고 상상해보세요. 또 이 3m 퍼트만 성공시키면 마스터스 우승자가 된다고 생각해보세요.

압박감을 시뮬레이션하는 또 다른 방법은 연습을 진행하면서 점차 압박감이 쌓이는 훈련을 고안하는 것입니다. 그렉 노먼은 60cm부터 시작하여 90, 120, 150, 180cm에서 각각 25개씩 연이어 퍼트를 치는 훈련을 합니다.

마지막 퍼트가 가까워질수록 압박감이 커지는데, 퍼트를 놓치면 처음부터 다시 시작해야 하기 때문이죠. 친구와 함께 연습 그린에서 커피 내기 18홀 퍼팅 게임을 해보세요.

각종 퍼팅 연습 대부분의 훌륭한 퍼터들은 연습 그린에서 퍼팅에 필요한 모든 것을 연습합니다. 그들은 코스에서 퍼팅하는 것처럼 연습 그린에서 퍼팅 어드레스를 합니다. 훌륭한 퍼터들은 골프 코스에서 사용하는 것과 동일한 프리퍼트 루틴을 사용하고 동일한 강도로 연습합니다.

많은 선수가 연습할 때 하나의 공만 사용하는 것을 선호하는데,

그 이유는 코스에서도 그렇게 하기 때문입니다.

> "하나의 공, 하나의 기회, 하나의 홀을 가지고 연습하면 코스에서와 더욱더 비슷해진다."
>
> _ 밥 에스테스, PGA 투어

자동으로 나오는 자세를 만들어라

  기계적인 골퍼들은 때때로 자신의 스트로크에 편안함을 느끼지 못하기 때문에 플레이할 때 자신의 스트로크를 믿지 못합니다. 이런 선수들은 스트로크 동작만 너무 많이 연습하고 정작 공을 홀에 넣는 연습은 하지 않습니다. 이들은 플레이할 때 스트로크의 경로에만 집중하기 때문에 공이 홀에 굴러 들어가는 것을 생각하기 어렵습니다. 그들은 퍼팅의 핵심이라고 생각하는 완벽한 역학적인 기술을 너무 강조합니다. 그들은 자신의 컨트롤을 놓지 못하고, 자연스럽고 자동적으로 이루어지는 동작을 하지 못합니다. 연습을 통해 자신의 스트로크가 퍼팅을 할 수 있을 만큼 견고하다는 것을 알면 스트로크에 대한 믿음이 생깁니다. 경기에 가까워질수록, 특히 경기에 임할수록 역학은 잊어야 합니다. 더 많은 믿음을 연습할수록 코스에서 본능적으로 퍼팅하는 것이 더 쉬워집니다.

'믿음을 연습'한다는 것은 무엇을 의미할까요? 여기에서 믿음이란, 스트로크에 대한 의식적인 컨트롤을 포기하고 연습한 대로 몸이 움직이도록 내버려두는 것입니다. 자신의 스트로크를 신뢰한다는 것은 어떻게 목표물을 맞힐 것인지 고민하거나 생각하지 않고 목표물을 맞힐 수 있도록 내버려두는 것을 의미합니다. 즉, 톱니바퀴처럼 맞추고 분석하는 마음을 내려놓고 느낌과 본능에 맡기는 것입니다. 자신의 스트로크를 믿고 치는 선수는 몸의 위치, 스윙 경로, 퍼터 헤드의 위치에 대해 생각하지 않습니다. 이 선수는 볼, 라인, 롤, 속도에 대해 생각합니다.

> "위치는 신경 쓰지 않고 공 앞으로 걸어 들어가서 편안해질 때까지 흔들다가 치기만 하면 된다."
>
> _ 밥 머피, PGA 시니어 투어

터치 감각과 느낌 연습하기

우리와 함께 일하는 위대한 퍼터들은 모두 좋은 터치와 느낌이 필요하다고 믿습니다. 좋은 터치감이 없으면 그린에서 자신감을 가질 수 없으니까요. 터치감이 중요한 이유는 무엇일까요? 터치는 속도를 제어하며, 올바른 속도를 갖는 것은 훌륭한 퍼팅의 반 이상을 차지합니다. 긴 퍼팅에서 볼을 홀에 가깝게 보내려면 터치감이 있어야 합니다. 또한 터치감은 브레이크가 있는 퍼팅에서 퍼팅 라인을 결정하는 데에도 영향을 미칩니다. 브레이크가 있는 퍼트에서는 볼이 홀에 들어가려면 적절한 속도로 퍼팅을 쳐야 의도한 만큼의 커브를 만들어낼 수 있습니다. 너무 세게 치면 퍼트가 휘어지지 못하고, 너무 부드럽게 치면 퍼트가 라인을 따라가지 못하기 때문이죠.

대부분의 선수는 속도나 거리를 조절하는 데 있어 촉각과 느낌이 같다고 말할 겁니다. 개인적인 느낌은 감각수용체를 통해 받는 지속적인 감각 피드백, 즉 감정이라고 정의할 수 있습니다. 예를 들면 퍼팅을 할 때 스트로크의 길이나 임팩트 시 퍼터가 어떻게 느꼈는지에 대한 즉각적인 피드백을 받을 수 있습니다. 시각적으로는 공이 얼마나 멀리 날아갔는지 확인할 수 있죠. 이러한 유형의 피드백은 터치감을 익히고 발전시키는 데 도움이 됩니다.

> "퍼팅에서 가장 중요한 요소는 속도이며,
> 그 속도를 조절하는 것이 바로 터치이다."
>
> _ 데이비드 에드워즈, PGA 투어

우리는 시각, 운동감각(느낌), 청각, 후각 등 여러 종류의 이미지를 기억에 저장합니다. 촉각은 이미지(복합적인 경험을 통해 만들어진)를 사용하여 정확한 거리로 퍼팅을 칠 수 있는 능력입니다. 예를 들어 9m 퍼팅을 하기 위해 공 위에 어드레스를 하고 있으면 9m 퍼트가 어떤 느낌인지에 대한 이미지가 떠오르겠지요. 9m 퍼팅이 어떤 느낌인지 이미지를 떠올린 다음 그 이미지를 재현하려고 합니다. 좋은 퍼팅을 하려면 느낌과 촉각이 모두 필요합니다. 감각 입력(느낌)을 통해 피드백을 받아 속도를 조절할 수 있는 운동 이미지(촉각)를 개발해야 합니다.

　어떤 선수들은 선천적으로 손과 눈의 협업, 미세한 근육 조절 같은 운동 능력이 뛰어나기 때문에 더 빨리 촉각과 느낌을 개발할 수 있습니다. 하지만 소질을 떠나서 어떤 선수라도 연습을 통해 촉각과 느낌을 향상할 수 있습니다. 퍼팅을 해본 적이 없는 사람이 평평한 그린에서 6m 거리의 퍼팅이 어떤 느낌인지 알 수 없습니다. 그래서 초보자들이 처음 그린에서 3m 퍼팅을 6m 이상 보내는 퍼트를 치게 됩니다. 퍼팅 연습을 계속하고 자꾸 머릿속에 기록하다 보면 6m 퍼팅이 어떤 느낌과 연관되기 시작합니다. 머리에 저장된 퍼팅 경험이 많을수록 6m 퍼팅의 느낌을 더 잘 기억하고 더 나은 감각을 갖게 됩니다.

　여기서 연습의 목표는 촉각과 느낌을 개발하는 것입니다. 이를 달성하는 가장 좋은 방법은 다양한 거리에서 퍼트를 치는 것이며, 더 좋은 방법은 가능한 모든 거리에서 퍼트를 치는 겁니다. 6m 퍼팅만 연습했다면 12m 퍼팅은 어떻게 측정할 수 있을까요? 오르막 퍼트만 연습했다면 내리막 퍼트는 얼마나 잘 칠 수 있을까요? 더 먼 거리에서 퍼트를 치면 그린에 대한 촉각이 향상됩니다. 퍼팅 거리를 다양하게 늘릴수록 그린에서의 느낌이 더 빨리 향상될 수 있습니다. 백스트로크의 길이(5cm, 10cm 등)를 측정하는 방법만으로 퍼팅의 속도를 판단하는 것은 잘못된 생각입니다.

> "훌륭한 퍼팅에서 가장 중요한 것은 속도이다. 그다음으로 중요한 것은 볼을 내가 원하는 곳으로 굴러가도록 출발시키는 것이다."
> _ 빌 글래슨, PGA 투어

더 좋은 방법은 스트로크의 템포나 스트로크의 느낌에 대해 생각하는 것입니다. 다양한 거리에서 연습하면서 팔의 느낌, 손의 가속도, 퍼터가 볼에 임팩트하는 느낌에 집중하세요. 볼을 치면서 눈을 감아보세요. 이렇게 하면 볼을 치는 동안 신체 감각이 향상되고 학습 속도가 빨라집니다.

눈 감고 연습하기 감각을 개발하기 위한 한 가지 훈련은 눈을 감고 다양한 거리의 목표물에 퍼팅하는 것입니다. 눈을 감으면 신체 감각에 집중하게 됩니다. 3, 6, 9, 12m 거리에 티 4개를 놓습니다. 눈을 감고 각각의 퍼팅을 치면서 퍼팅이 짧은지, 긴지, 아니면 정확한 거리(홀에서 30~45cm 정도 지나서)에 도달했는지 재빨리 예측하여 말합니다. 눈을 감고 공이 퍼터 헤드를 떠난 후 감각을 느끼면서 거리를 추정해보세요. 4개의 티에 각각 10개의 공을 쳐 보세요.

거리 적응 연습 또 다른 훈련 방법은 각 퍼팅을 매번 다른 거리로 치는 것입니다. 5m, 7m, 9m, 11m, 13m로 시작하여 5개의 티를 서로 다른 거리에 놓습니다. 목표는 티를 지나치게 공을 치되 30cm 이상 지나지 않도록 하는 겁니다. 매번 거리를 바꾸면서 모든 목표물에 퍼팅합니다. 중간에 한 개를 놓치면 처음부터 다시 시작해야 합니다. 마지막 티까지 끝나면 다시 첫 번째 티로 돌아갑니다. 다양한 거리 목표물을 사용해 이 훈련을 해보세요.

최대 터치 훈련 각 퍼트를 다음 퍼트보다 조금 더 길게 하여 한 퍼트씩 연속해서 치세요. 1.5m부터 시작합니다. 1.5m 퍼팅을 해서 목표 지점을 약간 지나치도록 치고 1.5m 위치에서 다음 퍼트를 똑같은 방법으로 2m, 3m 거리를 늘려가면서 퍼팅을 해보세요. 다음 퍼팅은 마지막 퍼팅을 지나치되 다음 목표에 최대한 가깝게 붙이는 식으로 퍼팅을 계속합니다. 15m 안에서 얼마나 많은 공을 굴릴 수 있는지 확인하세요. 훈련 순서를 바꿀 수도 있습니다. 15m에서 시작하여 첫 번째 퍼팅 안에 다음 퍼팅을 치면서 각 퍼팅을 점점 더 짧게 치세요. 15m 안에서 얼마나 많은 퍼팅을 할 수 있는지 직접 테스트해보세요. 연속해서 퍼팅할 때마다 볼을 더 가깝게 붙일수록 더 좋은 촉감을 느낄 수 있습니다.

짧은 퍼팅으로 자신감을 향상시켜라

다양한 거리에서 긴 퍼트를 여러 번 치는 것은 손맛을 익히고 자신감을 키우는 데 도움이 되지만, 짧은 퍼트 연습을 통해서도 자신감을 얻을 수 있습니다. 많은 훌륭한 퍼터들은 1~2m 범위의 짧은 퍼트를 치는 것을 좋아한다고 말합니다. 코스에서 가장 자주 만나는 퍼트가 바로 이 퍼트이기 때문이죠. 대부분의 퍼팅을 이 거리에서 한다는 사실은 자신감을 키우는 데 도움이 됩니다.

공이 홀에 들어가는 것을 계속 보고 들으면 누구에게나 자신감이 향상됩니다. 비키 괴체는 100개의 짧은 퍼트를 연속으로 치면서 자신감을 얻었다고 말했습니다. 이는 그녀의 하루 일상 중 일부이며 골프 코스에서 자신감을 심어주는 루틴입니다. 그리고 코스에서 1m 퍼팅을 할 때 홀에 들어갈 것을 확신하는 데 도움이 됩니다.

코스에 적용

가장 바람직한 연습이란, 골프 코스에서 일관성 있는 플레이를 할 수 있게 만들어주는 연습입니다. 골프 코스에서 치는 모든 퍼트는 기본적으로 거리, 속도, 브레이크, 시각적 모양이 모두 다른 새로운 퍼트입니다. 하지만 우리의 대부분은 골프 라운드에서 일어나는 상황에 딱 맞는 방식으로만 연습을 할 수는 없습니다. 따라서 다양한 퍼트를 쳐본 경험이 많을수록 코스에 나갔을 때 대비를 더 잘할 수 있습니다.

> "완벽한 연습이 완벽을 만든다.
> 잘못된 것을 연습하면 잘못된 것을 잘하게 될 뿐이다."
> _ 데이비드 에드워즈, PGA 투어

매일 조금씩 연습하세요. 학습 효과를 극대화하기 위한 첫 번째 원칙은 하루 종일 퍼팅에만 몰두하지 말고 연습 과제를 며칠에 걸쳐 분산시키는 것입니다. 한 번의 긴 과정에 퍼팅 연습을 몰아넣는 것보다 매일 조금씩 연습하는 것이 더 좋습니다. 너무 긴 연습 과정은 피로를 유발할 수 있으며, 피로는 학습에 방해가 됩니다. 매일 조금씩 연습하면 운동 시스템이 이러한 유형의 일정을 더 잘 기억하기 때문에 더 나은 학습과 전달로 이어집니다.

생산적인 퍼팅 연습 퍼트의 유형에 변화를 주세요. 한 세션 동안 치는 퍼트의 종류와 연습 순서를 다양하게 해보는 겁니다. 3m의 오르막 퍼트만 치지 마세요. 여러 가지 거리와 다양한 구간의 퍼팅을 연습하세요. 옆으로 휘는(브레이킹) 퍼팅으로 공을 홀의 측면으로 보내거나, 같은 퍼팅을 홀의 정면에 똑바로 치는 연습을 해보세요. 같은 퍼팅을 얼마나 다양한 방법으로 할 수 있는지 알아보고 각 퍼팅의 라인과 속도를 실험해보세요. 매일 연습 루틴을 바꿔보세요. 하루는 롱퍼팅으로 시작하고 다음 날은 숏퍼팅으로 시작해보세요.

코스에서 경기하는 것처럼 연습하기 대부분의 플레이어는 연습 그린의 같은 위치에서 퍼트를 연달아 치기만 합니다. 두세 번 퍼팅을 하다 보면 퍼팅이 어떻게 휘어지는지 알게 됩니다. 그런 다음 공을 라인에 놓는 것이 과제입니다. 이것이 스트로크 연습에는 좋지만 효과적인 연습은 아닙니다. 코스에서는 매번 새로운 퍼팅을 해야 합니다. 새로운 읽기, 셋업, 터치가 필요합니다. 코스에서 퍼팅을 준비하는 것과 동일하게 각 퍼팅을 준비하세요. 각 퍼트를 읽고, 프리퍼트 루틴을 살펴보고, 홀에 맞춰 셋업하고 정렬한 다음, 그린에서 마지막 퍼트인 것처럼 볼을 스트로크하세요. 평소 플레이하는 방식이니 같은 방식으로 연습을 해보는 것이지요.

목적을 가지고 연습하기 목표를 설정하고 목적을 가지고 연습하세요. 목표는 지속성을 높이고 최선을 다하도록 동기를 부여합니다. 연습할 때마다 구체적인 목표를 정하세요. 예를 들어 홀 주변 1m 거리에 10개의 공을 원형으로 배치합니다. 10개의 퍼팅을 모두 연속으로 성공하는 것이 목표인 거죠. 이 목표를 달성하면 더 멀리 이동하거나 더 많은 볼을 사용하여 더 어렵게 만듭니다. 퍼팅 실력이 향상됨에 따라 목표를 자주 수정하고 더 어렵게 설정하세요.

모든 부분을 연습하기 강점뿐만 아니라 약점도 연습해야 합니다. 골퍼는 다른 운동선수와 마찬가지로 자신의 강점을 연습하는 것을 좋아합니다. 연습은 성취감과 만족감을 줍니다. 괜찮습니다. 하지만 최고의 퍼터가 되고 싶다면 약점을 보완할 수 있도록 스스로를 단련해야 합니다. 장거리에서 볼을 멀리 보내는 데 어려움을 겪는다면 이 부분에 더 많은 시간을 할애해야 합니다. 집중력이 예리하고 아직 정신이 맑을 때 이 부분에 대한 연습 세션을 시작하세요.

시각 보조 도구를 사용한 연습

 퍼팅은 매우 시각적인 작업입니다. 홀까지의 라인을 더 잘 볼 수 있고 목표물에 대한 조준과 정렬을 잘할수록 더 많은 퍼팅을 성공시킬 수 있습니다. 많은 실력 있는 퍼터들은 시각 보조 도구를 사용하여 퍼팅라인의 이미지를 더 잘 파악하고 조준과 정렬 연습을 더 잘 할 수 있도록 돕습니다. 일부 플레이어는 라인을 더 잘 볼 수 있도록 분필로 선을 그어 퍼팅을 하기도 합니다. 브레이킹 퍼팅을 할 때는 퍼팅라인과 일치하는 줄을 바닥에 놓을 수 있습니다. 또 다른 플레이어는 홀까지 이어지는 통로 감각을 익히기 위해 바닥에 평행하게 놓인 두 개의 클럽 사이에서 짧은 퍼팅을 연습하기도 합니다. 시각적 보조 도구를 사용하면 퍼트를 얼마나 잘 쳤는지에 대해 더 구체적이고 빠른 피드백을 받을 수 있어 학습 속도가 빨라지고 실력이 향상된다는 장점이 있습니다.

Try This!

공 하나로 퍼팅 연습하기

퍼팅 연습을 할 때, 공을 하나만 사용하세요. 18개의 다른 타깃이나 홀에 퍼팅하고 모든 홀을 완료하세요. 한 번뿐인 기회라고 생각하고 마지막 퍼팅이라고 생각하며 스트로크하세요. 코스에서와 마찬가지로 각 퍼팅을 읽고 전체 프리퍼트 루틴을 활용하세요. 똑같이 각 퍼팅을 연습하세요.

골든 터치

실전에서의 퍼팅 워밍업

우리가 아는 대부분의 아마추어 골퍼들은 경기 전 퍼팅 워밍업을 소홀히 합니다. 그들은 티타임 10분 전에 코스에 도착해 골프화를 신고 워밍업 없이 바로 첫 번째 티로 걸어갑니다. 그러고는 왜 처음 두 개의 그린에서 3퍼트를 했는지 궁금해합니다.

반면에 프로들은 루틴 워밍업 없이 경기에 임하지 않습니다. 그들은 워밍업에 얼마나 시간이 필요한지 정확히 알고 있으며, 티오프 전에 구체적인 루틴을 가지고 있습니다.

워밍업을 하는 세 가지 중요한 목적이 있습니다. 마음을 집중시키고, 자신감을 심어주며, 그린의 속도에 대한 감각을 익히는 것입니다. 워밍업은 육상선수의 스트레칭과 비슷합니다. 준비운동은 올바른 주의력을 발휘하고 신체 활동을 위한 마음의 준비를 하는 데 도움이 됩니다. 워밍업은 또한 퍼팅에 쓰이는 근육을 풀어줍니다. 이를 통해 스트로크에 리듬감과 편안함을 얻을 수 있죠.

워밍업은 또한 퍼팅을 잘할 수 있다는 자신감을 키우고 스스로를 안심시키는 데 유용합니다. 퍼팅을 잘하려면 코스에서 편안함을 느껴야 하고 이는 자신감으로 이어집니다. 연습 그린에서 편안함을 느끼면 자신감이 생깁니다. 진정한 시험은 첫 번째 퍼트를 칠 때입니다. 퍼트를 성공시킬 수 있는 최고의 기회를 잡으려면 퍼트를 할 만반의 준비가 되었다는 느낌을 가져야 합니다.

가장 중요한 것은 워밍업을 통해 그린의 속도와 브레이크를 테스트하고 터치 감각을 키울 수 있다는 점입니다. 퍼팅 그린의 속도와 질감은 잔디의 종류, 결, 복합경사, 잔디 길이가 다양하기 때문에 코스마다 다릅니다. 심지어 홈 코스의 그린 속도도 그날 그린을 손질한 방법이나 기상 조건에 따라 매일 달라질 수 있습니다. 지난 라운드와 다른 코스에서 플레이하는 경우 가장 큰 어려움은 그린의 속도에 적응하는 것입니다. 라운드 전 워밍업이 터치 감각을 조정하는 유일한 시간일 수 있습니다.

그린에서 감각을 키우는 방법

감각을 기르고 촉감을 익히는 가장 좋은 방법은 다양한 타깃에 여러 번 긴 퍼트를 치는 것입니다. 9m, 12m, 15m 퍼트부터 시작하세요.

공을 홀에 얼마나 가까이 붙일 수 있는지 확인해보세요. 그 정도 거리의 퍼팅이 없을 수도 있지만, 그린에서 속도를 감지하고 터치 감각을 조정하는 데 가장 좋은 방법입니다. 홀 위아래에서 모두 긴 퍼팅을 해보세요.

다음으로, 그린에서 볼이 얼마나 많이 휘어지는지 감각을 익히기 위해 긴 브레이킹 퍼트를 여러 번 치세요. 오른쪽에서 왼쪽으로 휘는 퍼팅과 왼쪽에서 오른쪽으로 휘는 퍼팅을 크고 작은 브레이크가 있는 퍼팅을 쳐보세요. 그린에서 볼이 어떻게 휘어지는지 주의 깊게 관찰하세요. 여기서 반드시 퍼팅을 성공시켜야 하는 것은 아닙니다. 그린에 대한 감각을 조정하는 것입니다.

자신감 검증하기

앞서 언급했듯이 워밍업의 주요 목표는 퍼팅 자신감을 갖는 것입니다. 즉, 공을 라인 위에 올려놓고 홀에 넣어야 한다는 뜻이죠.

퍼팅을 시도했는데 성공하지 못하면 자신감이 떨어질 수 있습니다. 이럴 때는 긍정적인 이미지를 떠올리고 홀에 퍼트를 넣을 수 있다는 자신감을 가져야 합니다. 첫 퍼팅을 위해 그린에 올라섰을 때 공이 홀에 빨려 들어가는 상상을 하면 도움이 됩니다. 연습 그린에서 퍼팅하는 것을 두려워하지 마세요. '이 퍼트는 다음을 위해 꼭 넣을 거야'라고 스스로에게 말한다면, 코스에서 더 많은 좋은 퍼팅을 할 수 있다는 점을 기억하세요.

긍정적인 이미지를 개발하는 가장 좋은 방법은 1m 이하의 퍼트를 여러 번 치는 것입니다. 홀에 퍼트를 치면서 공이 들어가는 것을 보고, 소리를 듣고, 들어가는 것을 느껴보세요. 이렇게 하면 머릿속에 신선한 이미지가 형성되어 플레이할 때 편안함을 느낄 수 있습니다.

자신감 확인

퍼팅 워밍업을 할 때는
짧은 퍼팅을 연달아 성공하는 긍정적 이미지를 떠올려라.

마지막으로 해야 할 일은 자신의 스트로크를 의심하고 스트로크의 메커니즘에 집중하는 것입니다. 스트로크를 바꾸기에는 너무 늦었습니다. 연습한 대로 해야 합니다. 그린을 읽고, 정확한 라인을 보고, 스트로크를 하는 데 더욱 집중하세요.

과하지도 모자라지도 않게

연습 그린에서 워밍업에 소요되는 시간은 각자의 필요에 따라 달라져야 합니다. 어떤 플레이어는 그린에 대한 감각을 익히기 위해 몇 번의 퍼팅을 치고 첫 번째 티로 이동하는 것이 더 편하다고 느낄 수 있습니다. 반면에 템포와 터치 감각을 익히기 위해 워밍업에 더 많은 시간을 할애하는 플레이어도 있죠.

10~15분 정도면 롱퍼트와 숏퍼트를 여러 번 하는 데 충분합니다. 노련한 골퍼라면 루틴이 정해져 있기 때문에 플레이 직전, 워밍업에 얼만큼의 시간이 자신에게 필요한지 알고 있습니다. 그러니 퍼팅을 준비하는 자신만의 시스템이 없다면 오늘부터 시작해 보세요. 이렇게 하면 자신에게 얼마나 시간이 필요한지 알 수 있습니다. 워밍업을 마치면 끝입니다.

준비에 소요되는 시간이 많다고 해서 항상 좋은 것은 아닙니다. 퍼팅에 집중하고 싶지만 과도하게 집중하고 싶지는 않을 겁니다. 워밍업 시간이 너무 길면 에너지가 고갈되어 코스에 집중하는 데 방해가 될 수 있습니다. 코스에서 경기할 때를 대비하세요. 편안함을 느낄 수 있도록 몇 분간 집중력을 발휘한 다음 출발하세요. 첫 번째 티까지 걸어가기 전에 3m짜리 퍼팅을 5번 연속으로 할 필요는 없습니다.

당신이 연습한 그대로

라운딩 전 준비운동은 다음 동작을 위한 것일 뿐 진짜 연습은 아닙니다. 지금은 스트로크 연습을 하기에 부적절합니다. 지금 메커니즘을 변경하거나 작업하기에는 너무 늦었어요. 마치 시험 시작 직전에 벼락치기를 하는 것과 같습니다. 지금 자신의 스트로크를 의심하고 싶지 않을 것입니다. 약간의 의구심 때문에 볼 위치, 자세, 정렬을 조정하거나 스트로크에 손을 대는 플레이어도 있습니다. 그러나 10분 만에 스트로크의 운동 프로그램을 바꿀 수는 없으니 연습한 대로 진행하세요.

최근 퍼팅이 잘되지 않는다면 스트로크를 연습할 때 코스에서의 역학에 대해 생각하는 경향이 있습니다. 스탠스나 볼 위치를 조금만 조정해보는 것도 좋습니다. 더 좋은 방법은 스트로크의 템포를 높이는 데 도움이 되는 스윙 키를 찾는 것입니다. 가장 좋은 방법은 플레이하기 전에 자신감을 심어주기 위해 짧은 퍼트를 여러 번 치는 것이고요.

원볼, 투볼 또는 스리볼 워밍업

워밍업을 할 때 몇 개의 볼을 사용하는지에 대한 철학은 사람마다 다릅니다. 코스에서는 한 개의 공으로만 퍼팅을 해야 할까요? 아니면 주어진 시간 안에 더 많은 퍼팅을 하기 위해 세 개의 볼로 퍼팅을 해야 할까요? 일부 플레이어는 한 개의 공으로만 워밍업을 해야 한다고 강력하게 주장합니다.

한 개의 볼로 퍼팅 연습을 하는 것이 실전에 더 가깝습니다. 코스에서 샷을 할 수 있는 기회가 하나밖에 없으니 어떻게 플레이하는지에 초점을 맞추게 되겠죠. 공이 3개일 때는 연속으로 세 번 퍼팅을 반복해 더 많은 퍼팅 기회를 얻을 수 있습니다. 매번 다른 퍼트를 칠 수도 있고요.

> "코스에서는 기회가 두 번 주어지는 것이 아니라 한 번만 주어지므로, 한 개의 공으로 퍼팅하라."
>
> _ 밥 에스테스, PGA 투어

대부분의 선수들은 워밍업할 때 두세 개의 볼을 사용합니다. 이 방법에는 분명 이점이 있습니다. 볼 세 개를 사용하면 주어진 시간에 더 많은 퍼트를 칠 수 있으며, 특히 장거리 퍼트를 할 수 있습니다. 또한 긴 퍼트에서 터치를 조절할 수 있습니다. 첫 번째 퍼팅이 짧았다면 동일한 홀에 퍼팅을 하면서 퍼팅 템포나 느낌을 조절할 수 있으니까요. 또한 첫 번째 퍼팅은 퍼팅의 정확한 라인을 알려주고, 두 번째 또는 세 번째 볼은 그 라인에 볼을 올리는 능력을 테스트할 수 있습니다.

워밍업은 연습일 뿐이다

워밍업의 첫번째 목적은 자신감을 키우고 컨디션을 미세 조정하는 것입니다. 워밍업에서 퍼팅이 잘되지 않더라도 신경 쓰지 말고 코스에서 퍼팅이 잘되지 않았더라도 스스로에게 말하지 마세요. 많은 플레이어가 연습에서 퍼팅이 잘되지 않는 이유는 집중력이 정점에 이르지 않았기 때문입니다. 어떤 선수들은 대회에 들어가서 신나게 플레이할 때 집중하기가 더 쉬워지기도 합니다. 워밍업을 제대로 하지 못한 채 경기에 들어갔다고 해도 퍼팅에 대한 자신감이 떨어지지 않도록 주의하세요. 워밍업은 워밍업일 뿐이지 실제 경기가 아니라는 점을 기억하세요.

워밍업 중에 퍼트를 몇 개 넣었거나 놓쳤는지 세지 마세요. 워밍업은 그린의 속도를 테스트하고 감각을 키우는 시간이니까요. 워밍업에서 퍼팅을 놓치는 것이 싫다면 공을 타깃에 맞히지 마세요. 속도와 거리 조절만 연습하세요. 그런 다음 0.5m 또는 1m 퍼트를 치면서 퍼트를 할 수 있다는 자신감을 얻으세요.

 **Try This!**

워밍업 루틴 개발하기

라운드를 시작하기 전에 퍼팅 그린에서 나만의 일관된 워밍업 루틴을 개발하세요. 앞으로 2주 동안 이 워밍업 루틴을 고수하세요. 이때는 자신에게 편안하게 느껴지는 루틴을 만들어야 합니다. 프로 토너먼트에 갈 기회가 있다면 프로들이 라운드 전에 어떻게 워밍업을 하는지 잘 관찰해보세요.

그린의 속도를 테스트하기 위해서는 9~12m의 긴 퍼트 몇 개로 시작하는 것이 좋습니다. 그런 다음 그린에서 공이 얼마나 많이 휘어지는지 테스트하기 위해 긴 거리의 휘어지는 퍼트를 쳐보세요. 각각 내리막과 오르막 양쪽에서 중간 길이의 퍼팅을 몇 번 치세요. 마지막으로 티에 가기 전에 짧은 퍼트(60~90cm)를 몇 번 연속으로 치세요. 모든 퍼팅을 성공시키지 못하더라도 걱정하지 마시고 공이 홀에 떨어지는 모습만 머릿속에 그려보세요.

퍼팅을 위한
처방전 Q & A

일반적인 문제에 대한 해결책

    많은 골퍼가 퍼팅이 좋아지는 방법에 대해 항상 비슷한 질문을 합니다. 이 장에서는 플레이어들이 가장 자주 묻는 질문에 대한 간단한 답변을 제시합니다. 이 장은 퍼팅 실력 향상을 위한 일반적인 참고 자료로 활용하세요. 대부분의 섹션 끝에는 해당 장으로 안내하는 가이드가 있어 추가 정보를 읽을 수 있습니다.

- **연습 그린에서는 퍼팅을 잘하는데 코스에 나가면 퍼팅이 잘 안 됩니다. 제 퍼팅 실력이 의심스러워요. 어떻게 하면 연습장에서처럼 코스에서 퍼팅을 잘할 수 있을까요?**

스스로의 문제에 대해 아주 잘 진단하셨네요. 원인은 의심입니다. 코스에서 퍼팅을 잘하는 자신의 능력을 의심하는 것은 자기 성취적 예측으로 이어집니다. 퍼팅 능력이 없다고 생각하기 시작하면 그것이 현실이 됩니다. 다시 정상으로 돌아가기 위해 할 수 있는 일은 다음과 같습니다. 첫째, 생각을 바꾸세요. 연습 그린에서는 퍼팅을 잘할 수 있다고 말하지만 막상 코스에 들어가면 그 생각을 잃어버리게 됩니다.

연습 그린에서는 좋았던 퍼팅이, 거의 비슷한 잔디 위로 몇 걸음 걸어 들어갔을 뿐인데, 갑자기 퍼팅 실력이 안 좋다고 느끼는 것은 비합리적인 생각입니다. 물리적 요소는 변하지 않았습니다. 퍼팅 그린을 뭐라고 부르든, 어떤 명칭을 붙이든 퍼팅 그린에서 플레이하는 것입니다.

연습장은 코스의 그린과 같은 표면입니다. 달라지는 것은 오직 당신의 태도뿐이에요. 코스에 들어서면 연습 그린에서 했던 좋은 스트로크를 떠올리세요. 연습 그린에서 퍼팅을 한다고 가정해보세요. 자신이 했던 퍼트를 기억 속에서 꺼내 떠올려보세요. 성공에 대한 긍정적인 그림을 머릿속에서 재생하고 코스에서 플레이할 때 동일한 스트로크를 사용하세요.

다음으로 스코어를 너무 의식하는 경우인데요. 퍼팅에 집중하는 대신 스코어에 집중하면 최고의 퍼팅을 할 수 없습니다. 게임을 즐기기보다 스코어를 위해 플레이해야 한다는 압박감이 너무 커지기 때문이죠. 이 책의 4장 '원 퍼트 마인드셋: 자신감, 자신을 믿는 기술'과 5장 '자신감 강화 훈련: 최고의 스트로크를 위한 열쇠'를 참고하세요.

● **내 라인에 스파이크 자국이 보이면 화가 납니다. 퍼팅을 할 기회가 없을 것 같거든요. 이런 상황에서는 어떻게 대처해야 할까요?**

이는 많은 골퍼가 흔히 겪는 고민입니다. 첫째, 스파이크 자국은 피할 수 없습니다. 골퍼의 스파이크 자국은 게임의 일부예요. 따라서 스파이크 마크에 과민하게 반응하고 화를 내면 최고의 스트로크를 구사할 수 없고 라인에 대한 의구심만 더 커집니다. 퍼팅이 스파이크 마크의 영향을 받을 수도 있고 받지 않을 수도 있습니다. 심지어 볼이 다시 라인에 떨어질 수도 있죠. 일단 볼을 치고 나면 볼에 어떤 일이 일어나는지 통제할 수 없습니다. 투어 프로들은 150명의 선수들이 5~6일 동안 격렬한 플레이로 짓밟아 놓은 그린에서 퍼팅을 합니다. 리더들은 스파이크가 심한 그린에서 늘 퍼팅을 하죠. 그들은 스파이크 자국을 지나쳐 퍼팅해야 한다는 것을 알지만 스파이크 자국 때문에 전략을 바꾸지 않습니다. 여러분도 똑같이 해야 합니다. 라인에 집중하고 퍼팅을 똑바로 힘 있게 치세요. 퍼트를 힘 있게 치면 라인이 더 잘 유지됩니다. 스파이크 마크 때문에 당황해서 본연의 임무에 집중하지 못하는 일이 없도록 하세요. 퍼팅을 마친 후에는 다음 플레이어를 위해 스파이크 마크를 살짝 눌러주세요. 다른 플레이어도 여러분을 위해 똑같이 할 수 있습니다.

- **나만 빼고 다른 사람들이 퍼팅을 잘하면 신경이 쓰이고 퍼팅에 영향을 받습니다. 어떻게 대처해야 하나요?**

다른 사람의 행동이 퍼팅에 영향을 미치는 상황이군요. 주변 사람들과 자신의 퍼팅 실력을 비교하느라 바쁠 테고요. 지금 당신은 자신의 게임에 집중해야 합니다. 어느 누구도 당신의 게임을 대신할 수 없습니다. 다른 사람들이 퍼팅을 잘하고 있다면 당신 또한 퍼팅을 못 할 논리적 이유가 없다는 것을 이해하세요. 다른 선수들이 퍼팅을 잘한다고 해서 기분이 나빠지는 대신, 그들의 행운을 함께 누릴 수 있는 방법을 찾아보세요. 훌륭한 퍼팅은 전염성이 있습니다. 그들의 열정을 잡아보세요.

당신은 남들보다 퍼팅이 잘 안 되는 것에 대한 변명을 찾기 시작할 수 있습니다. 많은 골퍼가 운이 나쁘다거나 플레이에 무언가 방해가 된다는 식으로 핑계를 대곤 합니다. 이럴 때 가장 좋은 방법은 자신이 통제할 수 있는 것에 집중하는 겁니다. 다른 그룹 멤버들은 자신의 게임을 하고 있으니 당신도 자신의 게임을 해야 합니다. 유일한 차이점이 있다면, 그들은 자신의 성공 앞에선 어떠한 영향도 용납하지 않는다는 점입니다. 상대가 퍼팅에 성공을 하든 실패를 하든 상관하지 않습니다.

● **저는 퍼팅을 잘한다고 생각합니다. 파 퍼팅과 보기 퍼팅은 자주 나오지만 버디 퍼팅은 많이 하지 못합니다. 파 퍼팅과 보기 퍼팅은 잘하는데 버디 퍼팅은 못 하는 이유는 무엇일까요?**

퍼트에 이름표를 붙이기 때문입니다. 자신이 하려는 퍼트에 '보기', '파' 또는 '버디'라는 이름을 붙이면 자신의 플레이에 제한이 생깁니다. 일부 퍼트에는 더 집중하고 다른 퍼트에는 집중하지 않을 수 있습니다. 퍼팅의 목적이 무엇이든 퍼팅은 퍼팅일 뿐입니다. 작고 둥근 공을 쳐서 그린의 홀에 넣는다는 임무는 여전히 동일합니다. 모든 퍼팅에 동일한 집중력과 의지를 쏟아야 합니다. 퍼팅의 의미와 상관없이 모든 것을 시도하고 싶을 것입니다.

예를 들어 한 플레이어가 규정대로 그린을 공략했을 때 "투 퍼트를 해도 파를 기록할 수 있어"라고 말합니다. 하지만 이는 비생산적인 사고입니다. 이 선수는 퍼팅에 필요한 집중력이 부족합니다. 모든 퍼트는 어떤 이름표를 붙였든 간에 성공할 확률은 똑같습니다. 파 퍼트나 보기 퍼트에서는 집중을 잘하다가도 버디나 이글 퍼트가 나오면 그냥 가까이 붙이고 싶다는 생각이 드는 경우가 얼마나 자주 있나요? 이런 생각에 스스로를 가두지 마세요. 이런 생각은 스코어를 의식하게 만듭니다. '이 퍼트를 성공시켜야 파를 기록할 수 있다'는 생각은 골퍼에게 치명적일 수 있습니다. 이런 생각은 불안감을 불러일으키고 결과에 집중하게 만들 뿐입니다. 퍼트는 퍼트일 뿐이며 퍼트에 이름표를 붙이는 것과 상관없이 모든 퍼트는 성공할 수 있다는 사실을 기억하세요.

- 일행이 모두 퍼팅을 성공시키고 제가 마지막으로 퍼팅을 할 때면 항상 누군가는 놓쳐야 한다는 느낌이 듭니다. 반드시 저일 것만 같습니다. 어떻게 하면 이런 태도를 바꿀 수 있을까요?

스스로에게 이 질문을 해보세요. 당신의 조에서 몇 개의 퍼트를 성공하고 실패했는지 계속 숫자를 세고 있나요? 이는 퍼팅을 방해하는 정신적 장애물입니다. 골퍼들은 스코어에 너무 집착하다 보니 공을 홀에 넣을 방법을 찾는 것이 과제라는 사실을 종종 잊어버립니다. 해결책은 다른 사람의 퍼팅에 신경 쓰지 않는 겁니다. 퍼팅을 하기 위해 해야 할 일에 집중하세요. 퍼팅 그린에서 다른 사람이 무엇을 했는지는 전혀 신경 쓰지 마세요.

일행 모두가 퍼팅을 하고 있다면 퍼팅을 위해 홀이 점점 커지고 있다고 생각하는 편이 합리적입니다. 다른 사람들이 할 수 있듯이 여러분도 할 수 있습니다. 그러면 자신감이 생길 것입니다. 자신의 공이 홀에 들어갈 수 없다고 생각할 논리적 이유가 없습니다. 결과에 상관없이 집중해서 좋은 퍼팅을 하세요.

● 퍼팅이 잘될 때는 라인이 아주 선명하게 보입니다. 하지만 어떤 날은 라인이 잘 보이지 않아요. 그런 날에는 어떻게 해야 라인을 볼 수 있을까요?

퍼팅을 잘하는 골퍼는 퍼팅라인이 선명하게 보입니다. 첫째, 그린에서 퍼팅라인을 선명하게 볼 수 있고, 홀과 볼을 오가며 타깃을 놓치지 않고 시선을 이동할 수 있습니다. 둘째, 퍼팅라인이 선명하게 보이면 플레이어는 공을 얼마나 세게 쳐야 하는지 느낄 수 있습니다. 속도와 라인에 대한 감각이 좋으면 퍼팅이 잘되겠죠. 즉, 볼을 어디로 얼마나 세게 쳐야 하는지에 대한 시각과 촉각이 발달한 것입니다.

그린에서 자신의 라인이 잘 보이지 않는다면 다음 방법을 시도해보세요. 그린을 정확하게 읽기 위해 가능한 한 모든 노력을 기울이세요.

먼저 퍼팅 그린의 표면과 복합경사를 면밀히 살펴 라인을 볼 수 있는 단서를 찾아보세요. 다음으로 목표를 구체적으로 정하세요. 여러 지점을 연결해 하나의 라인을 만드는 겁니다. 볼과 홀만 보는 것보다 여러 지점을 길고 연속적인 사슬로 연결해 머릿속에 그려보면 더 강한 라인의 느낌을 받을 수 있습니다. 셋째, 볼 뒤에서 퍼팅 자세로 이동할 때 시각적으로 집중하세요. 라인이나 특정 지점에서 눈을 떼지 마세요. 라인이 흐려져 있어도 볼이 어디로 날아갈지 더 잘 파악할 수 있도록 접근하면서 라인을 주시하세요. 이러한 제안이 효과가 없다면 중간 목표 지점을 정하고, 라인을 보지 못했다고 걱정하지 마세요. 이 책의 7장 '이제 당신도 그린을 읽는다!: 퍼팅 시각화와 상상력 키우기'를 참고하세요.

● **'입스'를 극복하려면 어떻게 해야 하나요?**

'입스'는 골퍼들에게 가장 골치 아픈 고질병 중 하나입니다. 입스 때문에 고통을 받으면 골프가 재미없어집니다. 입스는 다른 어떤 골프 질환보다 수많은 우수한 골퍼들을 파멸로 몰아넣었습니다.

입스를 완전히 없애려면 시간과 훈련이 필요하지만 희망은 있습니다. 첫째, 플레이어가 입스가 있다고 생각하면 스스로를 퍼팅이 안 되는 사람으로 낙인찍는 것입니다. 퍼팅에 대한 자신감을 모두 잃으면 퍼팅에 대한 두려움이 그 자리를 대신하게 되죠. 이는 단순히 실수에 대한 두려움과는 차원이 다릅니다. 퍼팅에 대한 두려움에 시달리는 골퍼는 퍼팅을 하고 싶지 않을 뿐입니다. 퍼팅을 하면 할수록 더 심해져서 견딜 수 없을 지경에 이르게 되니까요. 이로 말미암아 골퍼는 자신이 병에 걸렸다고 믿게 됩니다.

골퍼가 무언가를 받아들이고 믿도록 스스로를 조절할 때마다 변화는 일어나기 매우 어렵습니다.

여러분이 해야 할 일은 바로 행동을 취하는 겁니다. 유연하고 간결한 루틴을 만들어보세요. 당신의 라인과 전략을 확실히 정하세요. 방법을 단순화하세요. 볼을 똑바로 맞히는 데에만 집중하고 퍼팅에 몰입하세요. 타깃 라인의 위아래로 눈을 움직여 타깃 라인을 추적하세요. 시선이 볼로 돌아오면 바로 퍼팅을 시작할 준비를 하세요. 이렇게 하면 몸과 눈이 지속적으로 움직일 수 있습니다. 시각적 이동은 퍼팅 스트로크에서 포워드 프레스 동작과 마찬가지로 트리거 메커니즘의 역할을 합니다. 지속적인 움직임은 공 위에서 멈칫거리는 것을 방지합니다.

여러분의 마음이 적극적으로 정보를 처리할 수 있다면 근육 경련 없이 퍼팅을 스트로크하고 퍼터를 뒤로 밀고 통과할 확률이 훨씬 더 높아집니다. 여러분은 두려움과 경직된 무기력을 긍정적인 정신 작용으로 대체하고 있는 것입니다. 루틴에 카운트다운 절차가 있든, 시각적인 전환 요소가 있든 상관없습니다. 가장 중요한 것은 두려움이 엄습할 때 스스로를 통제할 수 있는 체계적인 루틴을 갖추는 것입니다.

- **워밍업할 시간이 없는 상황에서 코스에 가기 전에 연습할 수 있는 가장 좋은 방법은 무엇인가요? 터치감을 빨리 끌어 올리려면 어떻게 해야 하나요?**

특히 워밍업할 시간이 많지 않은 경우 좋은 연습 방법은 멘탈 훈련입니다. 골프장까지 차를 운전하면서 성공적인 퍼팅을 생각해보세요. 최근 라운드나 대회에서 성공시켰던 퍼트를 머릿속에서 재생해볼 수 있습니다. 공이 어떻게 굴러서 홀에 들어갔는지 연습해보세요.

그때 느꼈던 좋은 느낌을 상상해보세요. 그런 느낌을 통해 퍼팅에 대한 자신감과 긴장을 풀 수 있습니다. 또한 압박감 넘치는 상황에서 어려운 퍼팅을 성공하는 자신을 상상해보세요. 이렇게 하면 플레이할 때 데자뷔를 느낄 수 있습니다. 항상 플레이하려는 코스에서 퍼팅을 잘하고 있는 자신의 모습을 상상하고 싶을 것입니다. 이러한 유형의 멘탈 훈련은 골퍼뿐만 아니라 다른 전문적인 운동선수들에게도 매우 효과적입니다. 완벽한 자제력을 가지고 퍼팅하는 자신의 모습을 상상해보세요. 그린에 올라갈 때 자신감이 넘친다고 상상해보세요. 컵을 향해 공을 스트로크하고 몸을 숙여 컵에서 공을 꺼내는 자신을 상상해보세요.

동반 플레이어들이 "축하해, 퍼트 잘했어"라고 말하는 모습을 상상해보세요. 워밍업 시간이 조금밖에 없다면 그린에서 5~6개의 볼을 원하는 거리에서 앞뒤로 왔다 갔다 치면서 강하게 치는 데 집중하는 것이 좋습니다. 이렇게 하면 거리를 조정하고 이어지는 홀에 대한 터치감을 익히는 데 도움이 되는 피드백을 얻을 수 있습니다. 짧은 퍼트 몇 개를 홀에 넣는 것으로 연습을 마무리하세요. 이어지는 홀에서 결정적인 1m 퍼트를 성공시킬 자신감을 얻을 수 있습니다. 또한 정신적으로 긍정적인 그림을 그리는 데에도 도움이 됩니다. 가장 중요한 것은 정신적, 육체적으로 플레이할 준비가 되었다고 느끼고, 초반 몇 개의 퍼트를 성공시킬 수 있다는 자신감을 갖는 것입니다. 이 책의 10장 '완벽한 퍼팅을 위한 마음 다지기'를 참고하세요.

● 퍼팅이 부진한 선수들과 플레이할 때면 그 선수들이 저를 무너뜨립니다. 그들은 너무 부정적이에요. 그들은 왜 퍼팅을 잘할 수 없는지에 대해 이야기합니다. 신경 쓰지 않으려고 노력하지만 가끔은 어쩔 수 없어요. 어떻게 하면 다른 플레이어의 영향을 받지 않을 수 있을까요?

당신은 다른 사람들이 당신의 마음과 기분에 영향을 미치도록 내버려두고 있네요. 자신만의 집중력을 유지하는 방법을 터득하지 않는다면, 부정적인 말을 들을 때마다 당신도 마찬가지로 부정적이게 됩니다. 다른 사람들의 말보다는 자신의 경기에 집중하세요. 퍼팅 실력이 좋지 않은 골퍼들을 연구해보면, 그들은 스스로에게 그날의 퍼팅 부진을 이야기하는 것을 알 수 있습니다. 이들은 퍼팅을 놓친 다음 그린, 공, 소음 등에 대해 불평합니다. 항상 무언가가 퍼팅을 방해하는 요소로 작용하죠. 그들은 부정적인 자기 대화가 부정적인 결과를 초래한다는 사실을 깨닫지 못합니다. 다른 사람의 퍼팅에 대한 행동과 반응은 통제할 수 없지만, 자신의 행동은 통제할 수 있어요. 다른 사람의 부정적인 말을 듣고 그것이 자신에게 영향을 미치도록 내버려둘 수도 있습니다. 또는 다른 사람의 말을 무시하고 자신의 게임에 집중하여 자신이 잘하는 부분을 강화할 수도 있습니다. 퍼팅 루틴과 전략에 전념하고 부정적인 사람들의 부정적인 메시지에 현혹되지 않도록 최선을 다하세요.

● 제가 퍼팅하는 그린은 정말 부드럽습니다. 다른 코스에 가면 그린이 제가 플레이하는 코스만큼 매끄럽지 않아서 퍼팅이 잘 안 될 것 같아요. 어떻게 하면 매끄럽지 않은 그린에서 퍼팅을 잘할 수 있을까요?

상태가 아주 좋은 그린에서 퍼팅을 하는 것 같습니다. 다양한 코스를 플레이한다면 모든 그린이 똑같지 않다는 것을 깨달아야 합니다. 상태가 좋지 않은 그린에 적응하는 데 어려움을 겪고 있다면 다음의 몇 가지 해결 방법을 알려드릴게요. 첫째, 유연하게 대처할 수 있는 마음가짐을 가져보세요. 울퉁불퉁하거나 잔디의 결이 고르지 않은 그린에서 퍼팅을 해야 한다면, 그날 어떤 조건의 그린에서 퍼팅을 하든 그 그린을 사랑하는 법을 배워야 합니다. 골프장의 그린은 유연하지 않으며 현재 상태를 바꿀 수 없으니까요. 하지만 당신은 변화하고 유연해질 수 있습니다. 그린의 현재 상태를 받아들이고 이에 적응할 것인지, 아니면 불평 많고 부정적인 태도로 좌절할 것인지를 선택하는 것은 당신 자신입니다. 생산적인 사고방식을 선택하세요.

땅콩 껍질과 비슷한 그린에서 퍼팅을 해야 한다면 "나는 땅콩 껍질에서도 퍼팅을 잘할 수 있다"고 스스로에게 말해야 합니다. 그린이 매우 매끈하다면 자신은 빠른 퍼터이고 매끈한 그린은 볼이 잘 굴러간다고 스스로에게 상기시켜야 합니다. 반대로 느린 그린에서 퍼팅을 해야 한다면 나는 이런 그린에서 퍼팅하는 것을 좋아하고 매우 공격적으로 퍼팅할 수 있다고 스스로에게 상기시키세요. 이러한 태도는 완벽하지 않은 그린에서 어떤 어려움이 닥치더라도 유연하게 대처하고 극복하는 데 도움이 됩니다.

그다음으로 연습 시간을 활용해 익숙하지 않은 항아리 그린에 대한 감각을 키우세요. 라운드 전 워밍업에 조금 더 많은 시간을 할애하여 연습 그린의 속도와 질감을 파악하세요. 코스에서는 퍼팅 전략을 개발하는 데 도움이 되는 미묘한 단서를 찾기 위해 그린을 자세히 살펴보세요. 함께 플레이하는 일행의 퍼팅을 유심히 관찰하는 것도 좋습니다. 이렇게 하면 퍼팅에 도움이 될 수 있는 속도, 질감, 브레이크 및 기타 지표에 대한 추가 단서를 얻을 수 있습니다.

마지막으로 코스의 플레이 조건에 대해 부정적으로 말하거나 생각하려는 유혹을 뿌리치세요. 그린에 대해 부정적으로 말하는 것은 골퍼들이 어려운 조건에 적응하지 못할 때 사용하는 변명입니다. 가장 중요한 것은 어떤 퍼팅 표면에서 플레이하든 자신이 통제할 수 있는 것에 집중하는 겁니다.

- 제 그림자 때문에 퍼팅하기가 어렵습니다. 라인을 제대로 잡을 수 없어서 불안해요. 무슨 일이 일어날지 정확히 모르기 때문에 약간 긴장됩니다. 어떻게 해야 하나요?

가장 먼저 해야 할 일은 자신의 라인을 확실히 하는 것입니다. 볼을 향해 셋업할 때 라인과 분리된 지점을 선택해야 합니다. 이 지점은 볼을 어디로 보낼지 정할 수 있는 목표 지점이어야 합니다. 이 지점은 퍼팅의 시작이나 끝, 그림자가 드리워진 영역 밖 어딘가에 위치할 수 있겠죠. 그림자가 라인을 보는 데 방해가 될 수 있으며, 이것이 가장 신경 쓰이는 부분입니다.

라인을 따라 눈을 위아래로 움직일 때 라인이 왜곡됩니다. 이것은 설정되지 않은 흔들림이지만 극복할 수 있습니다. 망설이거나 의심하지 말고 정해진 지점이나 자국을 골라 자유롭게 퍼팅하세요. 볼이나 콘택트 포인트에 초점을 맞추지 않고 그림자를 보면 퍼팅을 견고하게 칠 수 없습니다. 자신의 스폿에 집중하고 견고한 퍼팅을 하세요.

● 저는 퍼트 스트로크는 괜찮은 것 같은데 짧은 퍼트를 너무 자주 놓치는 것 같아서 고민입니다. 장거리와 중거리 퍼트는 나름대로 잘합니다. 하지만 1m 이하의 퍼트에서는 불안해집니다. 왜 짧은 퍼트를 제대로 못 넣는 걸까요?

먼저 당신은 퍼트에 라벨을 붙이거나 긴장이 되는 길이를 구분하는 데 어려움을 겪고 있습니다. 3~4.5m 퍼트를 모두 성공할 수 있는 것은 아니기 때문이죠. 대부분의 골퍼들이 그렇듯이 홀에 가까워질수록 더 불안해합니다. "이번에도 놓치면 안 돼"라고 말하죠. 또는 "이런, 이번에도 또 놓치겠어"라고 말하기도 합니다. 어디서 많이 들어본 말인가요?

두 번째로 당신은 짧은 퍼트에 비해 긴 퍼트에 부담감을 덜 느낍니다. 대부분의 플레이어는 짧은 퍼트는 쉽게 성공할 것으로 기대하지만 긴 퍼트는 쉽지 않을 것으로 예상합니다. 이는 짧은 퍼팅을 하도록 압박을 줍니다. 또한 불안감을 증가시키고 숏퍼트를 실제보다 더 어렵게 만듭니다. 숏퍼트를 연달아 놓치면 자신감이 떨어지고 무능하게 느껴지겠죠. 능력 부족은 자신감을 약화시킵니다.

여러분은 '마스터베이션'이라는 질환을 앓고 있는 것입니다. 마스터베이션이란 '나는 이 퍼트를 반드시 성공시켜야 해' 또는 '나는 이 퍼트를 무조건 집어넣어야 해'라고 여러분이 느끼는 상황을 의미합니다. 그런데 이러면 보통 선수들은 긴장해서 자신만의 흐름대로 퍼팅을 하지 못합니다.

첫째, 퍼팅 스트로크가 안정적이라면 퍼팅을 할 수 있습니다. 둘째, 퍼팅 어드레스를 하기 전에 그린을 읽는 데 충분한 시간을 가져야 합니다. 셋째, 평상시 루틴에서 벗어나지 마세요. 볼을 보내려는 라인 위에 정확하게 스트로크하는 데 집중하세요. 마지막으로, 일단 볼을 친 후에는 더 이상 할 수 있는 일이 없다는 걸 아셔야 합니다. 이 시점에서 결과가 어떻게 나올지는 여러분이 어찌할 수 없는 일입니다. 그 결과를 겸허히 받아들이고 앞으로 나아가야 합니다. 또한 실전에 앞서 워밍업 시간에 짧은 퍼트를 연습해두는 것도 좋습니다. 이렇게 하면 퍼팅 메모리 뱅크의 숏퍼팅 이미지를 강화하는 데 도움이 됩니다.

- 퍼팅이 끝날 때면 가끔 주의가 산만해지고 아직 준비가 되지 않았다는 것을 알지만 퍼팅을 그만두지 못합니다. 이렇게 퍼팅을 준비했다가 뒤로 물러나서 다시 퍼팅을 하면 성공 확률이 적다고 들었습니다. 이럴 때는 어떻게 하면 되나요?

퍼트 후에도 퍼트할 준비가 되지 않았다고 느낀다면 집중력이 떨어졌다는 확실한 신호입니다. 아직 준비가 되지 않았다는 것을 알면서도 뒤로 물러나지 않는 것은 자신감 있게 볼을 퍼팅할 수 없게 만듭니다. 자기 의심과 우유부단함이 퍼팅을 놓치는 주된 이유예요. 퍼팅할 준비가 되어 있지 않다는 걸 알면서도 퍼팅을 하는 것은 어리석은 일입니다. 당신은 루틴의 기본에 100% 전념하여 퍼팅을 성공시켜야 합니다. 여러분이 퍼팅에 집중하지 못한다면 퍼트를 할 준비가 되지 않은 것입니다. 너무나 간단하게 말입니다. 퍼팅하기 전에 집중력을 잃지 않도록 하세요.

퍼트 도중에 뒤로 물러나면 미스할 확률이 높아진다는데요. 선수들이 준비가 되지 않았다고 느낄 때는 뒤로 물러나는 것이 최선이라고 생각합니다. 이는 집중이 안 된다는 신호입니다. 다시 집중해야 합니다. 한 발짝 물러나서 루틴을 다시 시작하세요. 이렇게 하면 다시 집중할 시간을 확보하고 퍼팅할 준비를 할 수 있습니다.

1978년 체리 힐스 골프 클럽에서 열린 US오픈에서 앤디 노스는 마지막 홀에서 라이벌인 J. C. 스니드와 데이브 스톡턴을 꺾고 우승을 차지하기 위해 1.2m 보기 퍼팅이 필요했습니다. 앤디가 퍼팅 준비를 마쳤을 때 거센 돌풍이 불어와 몸의 균형을 약간 잃었습니다. 앤디는 바람과 맞서 싸우는 대신 뒤로 물러섰습니다. 관중석에서는 웅성대는 야유가 터져 나왔습니다. 관중들은 앤디가 실패할 수밖에 없다고 생각했습니다. 하지만 앤디는 다시 전열을 가다듬고 평소처럼 루틴을 이어나갔습니다.

이번에도 퍼팅을 하려던 순간, 무언가가 앤디의 주의를 방해했고 그는 다시 뒤로 물러났습니다. 정신을 가다듬고 다시 집중한 후 앤디는 세 번째로 볼 위에 다시 셋업을 했습니다. 그리고 다시 퍼팅 시동을 걸고 공을 그대로 컵 중앙에 집어넣어 승리를 확정 짓고 US오픈 챔피언 타이틀을 거머쥐었습니다. 여기서 우리가 기억해야 할 점은 준비가 되지 않았다고 판단되면 한 발 물러서서 마음을 가다듬고 루틴 전체를 다시 시작해야 한다는 것입니다. 홀에 볼을 넣을 준비를 하는 데 100% 정신력을 쏟아야 합니다.

● 어떤 날은 어떻게 퍼팅을 해야 할지 감이 잡히지 않습니다. 어딘지 느낌이 좋지 않습니다. 그린에서 감각을 되찾으려면 어떤 방법이 있을까요?

특히 '감각'을 중시하는 골퍼라면 그린에서의 감각이 좋지 않은 날이 있을 겁니다. 그린에서 감각을 잃는 이유는 여러 가지가 있겠죠. 이전에 퍼트를 놓쳐서 자신의 실력을 의심하기 시작할 수 있습니다. 어드레스 자세가 잘못되어 볼을 편안하게 컨트롤하지 못하기도 합니다. 혹은 평소보다 라인이 잘 보이지 않습니다.

퍼팅 감각이 떨어지면 퍼팅의 기본적인 자세를 조정해보세요. 먼저 퍼터 그립을 느슨하게 잡거나 골프 장갑을 벗어보세요. 정렬과 조준을 점검합니다. 볼 위치를 확인하세요. 어드레스 위치를 살펴보세요. 여러분의 시선이 퍼팅라인에 있는 볼 위쪽에 있나요?

때때로 약간의 조정을 통해 볼을 더 편안하게 볼 수 있으며, 편안함은 자신감을 의미합니다. 그날 퍼팅이 잘 안 될 거라고 생각하거나 그날의 감을 잃었다고 생각하지 마세요. 기본을 점검하고 평소 루틴을 고수하세요. 인내심을 갖고 최대한 공을 잘 굴리는 것을 잊지 마세요.

완벽한 퍼팅을 위한
6가지 조건

    이제 좋은 퍼터가 되려면 좋은 퍼팅 스트로크 이상의 것이 필요하다는 것을 알았습니다. 일관된 스트로크는 좋은 퍼터가 되기 위한 일부분일 뿐입니다. 완벽한 퍼팅 스트로크 방법을 가진 사람은 아무도 없습니다. 뿐만 아니라 골프는 스코어 게임이지 스트로크 게임이 아닙니다. 스트로크를 익힌 후에는 자신감과 신뢰, 그리고 그 스트로크를 반복할 능력이 있어야 훌륭한 퍼팅을 할 수 있습니다. 여러분의 자세가 좋을수록 더 뛰어난 퍼팅을 할 수 있습니다. 골프를 이제 막 시작했다면 자신만의 반복 가능한 스트로크를 만들고 멘탈 기술을 개발하는 것도 매우 중요합니다. 이미 탄탄한 스트로크를 가지고 있는 로우 핸디캡 골퍼라면 멘탈 기술을 개발하고 태도를 개선하는 것이 우선적으로 고려되어야 합니다.

자신감 개발부터 집중력 향상에 이르기까지 훌륭한 퍼팅의 심리학적 측면에 대한 몇 가지 주제를 논의했습니다. 훌륭한 퍼팅을 위한 가장 중요한 정신적 열쇠를 강조하기 위해 책 전체에 걸쳐 몇 가지 주제를 반복해서 설명합니다. 이러한 핵심은 태도, 자신감, 터치 감각과 느낌, 총체적 집중, 상상력, 신뢰입니다. 이번 장에서는 여러분의 퍼팅을 최고로 만들기 위한 멘탈을 사용하는 핵심을 요약합니다. 이 여섯 가지 영역을 개선하는 데 대부분의 에너지를 쏟아야 합니다. 그리고 이 책《멘탈 퍼팅》을 다 읽은 후에는 이 장을 통해서 매달 여섯 가지 핵심을 복습하세요.

1. 긍정적인 태도

긍정적인 태도는 퍼팅할 때마다 온 힘을 다해 집중할 수 있게 해줍니다. 이러한 태도는 자신의 능력을 믿고 볼을 보내기로 마음먹은 자리에 정확하게 퍼팅하는 데 도움이 될 것입니다. 이는 최고의 퍼팅을 위해 마음을 사용하는 진정한 열쇠입니다. 긍정적인 태도란 자신을 훌륭한 퍼터로 여기고, 발전할 수 있다는 것을 알고, 긍정적인 느낌과 감정으로 자신을 채우고, 그린에서 자신의 판단을 신뢰하는 것을 의미합니다. 퍼트의 성공 횟수나 놓친 횟수에 관계없이, 좋은 태도는 모든 경기에 절대적 전제 조건입니다. 긍정적인 태도를 기르는 것이 훌륭한 퍼팅을 위한 출발점이 되어야 합니다. 훌륭한 퍼팅은 태도에서 시작됩니다. 퍼팅 실력이 좋아지는 날이 올 때까지 기다리지 말고 자신의 퍼팅 실력을 믿어야 합니다.

2. 퍼팅에 대한 자신감

자신감을 키우고 유지하는 것은 이 책의 핵심 주제입니다. 이는 훈련 프로그램에서 가장 우선시되어야 합니다. 자신감 없이는 훌륭한 퍼터가 될 수 없습니다. 아무리 훌륭한 스트로크를 구사한다고 해도 이를 백업해주는 자신감이 없다면 무용지물일 뿐이니까요. 자신감은 잘할 수 있다는 믿음을 의미하지만, 그 이상으로 중요합니다. 자신감은 자신이 퍼팅을 잘한다고 생각하고, 그린에서 실력을 키우고, 양질의 연습에 기반을 두며, 퍼팅이 잘 안 되는 날에도 흔들리지 않는 자신감으로부터 비롯됩니다.

자신감을 개발하고 유지하는 것은 그야말로 끝이 없는 프로젝트입니다. 저희에게는 진정한 자신감을 개발하는 데 있어 빠른 비결은 없습니다. 하지만 자신이 통제할 수 있는 것에 집중하고 통제할 수 없는 것에 대해 걱정하는 데 에너지를 낭비하지 말아야 한다는 것은 잘 알고 있습니다. 태도, 자신감 수준, 연습, 그리고 실패(립핑아웃)에 반응하는 방식은 스스로가 통제할 수 있습니다. 1m 퍼팅을 실수했다는 사실은 바꿀 수 없지만, 그 상황에 어떻게 반응할지는 선택할 수 있습니다. 자신의 태도를 선택하고 낙관적이고 목적의식을 가지고 상황에 대응할 수 있는 힘을 갖는 것이 바로 이 책 《멘탈 퍼팅》의 핵심 주제입니다.

여러분의 자신감이 시험대에 오를 때가 있습니다. 숏퍼트를 놓치고, 3퍼트에 아무것도 만들지 못하면 자신감이 떨어질 수 있지만 이는 마음먹기에 달렸습니다. 자신감은 잘못된 자기 암시나 상황을 부정적으로 보는 다른 시각으로 인해 약해질 수 있습니다. 비판적이거나 자기를 평가하거나 스스로를 비하하면 자신감이 떨어질 수밖에 없습니다. 자신을 비판하는 것은 자신감에 매우 치명적입니다. 자기 자신에 대한 대화를 모니터링하고 긍정적인 자기 대화를 시도하세요. 오늘 스스로 책임감을 갖고 실력 있는 퍼터처럼 생각하고, 행동하고, 느껴보세요.

훌륭한 퍼팅은 중요한 인간 요소들의 조합이다.
- 자신감
- 상상력
- 터치 감각/느낌
- 태도
- 자기 믿음
- 통합적 집중
- 신뢰

3. 터치 감각과 느낌

최고의 기량을 가진 퍼터들은 모두 퍼팅에서 터치의 중요성에 대해 이야기합니다. 퍼팅에는 2가지 중요한 요소가 있습니다. 볼을 라인에 맞추는 것, 그리고 정확한 속도로 볼을 치는 것입니다. 대부분의 3퍼트는 볼을 컵에서 너무 길거나 짧게 치는 데서 발생합니다. 따라서 속도를 측정하고 조절하는 능력은 퍼팅 성패에 결정적인 영향을 미칩니다. 슬라이스 라이나 훅 라이 퍼트처럼 퍼팅하기 까다로운 지점에 공이 놓여 있을 때 선택하는 라인도 볼의 속도에 따라 결정됩니다. 같은 퍼트라고 가정했을 때 부드럽게 치는 퍼팅은 브레이크가 더 많아지고, 강하게 치는 퍼팅은 브레이크가 줄어듭니다. 따라서 터치는 속도를 판단하고 조절하며 볼의 속도를 고려할 때 볼이 어떻게 휘어질지 예측하는 데 있어서 매우 중요합니다.

앞서 설명한 것처럼 터치 감각이란 목표물과의 거리를 측정하고 적절한 속도로 퍼트를 칠 수 있는 능력입니다. 감각은 촉각을 발달시키는 데 도움이 되는 운동 감각적 피드백입니다. 촉감은 경험과 연습에서 비롯됩니다. 6m 퍼팅을 해본 적이 없다면 6m 퍼팅이 어떤 느낌인지 모를 것입니다. 하지만 연습을 하다 보면 6m 퍼팅을 얼마나 세게 쳐야 하는지 판단하는 법을 배우게 됩니다. 터치가 좋아질수록 정확한 속도로 볼을 굴릴 수 있다는 자신감이 생깁니다. 터치 감각을 키우기 위해서는 자신감 향상에 중점을 두어야 합니다. 이 책 11장에서 그린에서의 터치를 향상하기 위한 몇 가지 연습 방법에 대해 설명했습니다.

이러한 훈련에서 한 걸음 더 나아가 자신만의 훈련을 개발할 수 있습니다. 목표는 다양한 거리에서 다양한 브레이크로 퍼트를 쳐서 가능한 한 다양한 경험을 만들어내는 것입니다. 3m 직선 퍼트만 연습하면 터치감이 향상되지 않습니다. 연습 거리를 다양하게 하면 실전 코스에 적용하는 데 도움이 됩니다.

4. 통합적 집중

대다수 골퍼들은 방해 요소가 없을 때 제대로 된 집중력을 발휘합니다. 하지만 두려움, 불안, 압박감, 외부의 방해 요소에 직면하게 되면 어려움이 시작됩니다. 이 책 6장에서 밀도 있는 집중력을 위한 6가지 요소에 대해 설명했습니다. (1)집중해야 할 단서를 파악하기, (2)단서에 집중하기, (3)좁은 범위의 한 곳에 초점을 유지하기, (4)필요할 때 주의 전환하기, (5)산만해졌을 때 다시 집중하는 방법 익히기, (6)생각 다스리기입니다.

집중력을 향상하고 싶다면 6장 코스 밖에서 연습할 수 있는 방법들을 참고하세요. 하지만 궁극적으로는 자신의 플레이 중 중요한 단서에 집중하고 통제할 수 없는 것은 무시하는 훈련을 해야 합니다.

코스에서의 집중에 필요한 2가지 주요 열쇠는 다음과 같습니다. (1) 현재에 머무르며 한 번에 하나씩 생각하기, (2) 자신의 루틴 전 과정에 집중하기입니다. 플레이어가 집중에 실패하는 이유는 샷의 결과를 미리 생각하거나 조금 전 나무 쪽으로 보낸 샷을 생각하기 때문입니다. 한 번에 하나씩 플레이할 수 있다면 결과를 미리 생각하지 않아도 됩니다. 또한 자신의 루틴과 좋은 퍼트를 치는 데 도움이 되는 과정에 집중하면 현재 순간과 과제에 집중할 수 있습니다.

5. 상상력과 비전

몸과 마음은 눈에 들어오는 정보에 따라 움직입니다. 골프는 시각적인 게임이며 퍼팅은 고도로 시각적인 작업입니다. 퍼팅은 다트 게임과 비슷하게 과녁을 겨냥하는 게임입니다. 과녁이 보이지 않으면 목표물을 조준할 수 없습니다. 성공적인 퍼팅을 위해서는 시각과 상상력이 매우 중요합니다. 퍼팅은 그린에서 볼이 어떻게 반응할지 예측하고 보는 것으로 읽어내야 하므로 상상력이 필요합니다. 눈은 또한 정렬과 조준을 위한 가이드 역할을 합니다. 이 책 7장에서 시각을 이용해 퍼팅을 정확하게 읽어내는 시각적 단서를 얻는 방법과 눈을 스트로크의 트리거로 사용하는 방법에 대해 설명했으니 참고하세요.

퍼팅을 위해 눈을 사용한다는 것은 경기를 수행하는 데 도움이 되는 요소들을 잘 알아챌 수 있도록 훈련하고 마음의 눈으로 자신을 프로그래밍한다는 뜻입니다. 그린에서 볼이 어떻게 반응하는지 읽으려면 여러 가지 정보를 해석할 줄 알아야 합니다. 그런 다음 공이 어떻게 될지 현명한 판단(또는 확실하지 않은 경우 경험에 근거한 추측)을 내려야 합니다.

볼에 접근하는 동안 눈은 목표물에 고정되어 있어야 합니다. 이 시점에서 홀에 초점을 맞춰야 할지, 홀 근처의 한 지점에 초점을 맞춰야 할지, 아니면 라인의 중간 지점에 초점을 맞춰야 할지 논의할 수 있습니다. 하지만 홀 근처 또는 홀 안의 특정 지점을 보고 배경 전체 초점(부드러운 초점)을 사용해 라인에 초점을 맞추는 것이 좋습니다. 선이 흐려지더라도 여전히 초점을 맞출 수 있는 선의 지점이 있습니다.

볼을 스트로크할 때 볼, 홀, 퍼터 중 무엇을 봐야 할까요? 첫째, 볼을 스트로크할 때 퍼터를 쳐다보지 않는 것이 좋습니다. 이렇게 하면 퍼터 헤드를 제어할 수 없게 됩니다. 대부분의 선수들은 스트로크하는 동안 볼을 보지만 볼과 목표물의 방향을 유지하거나 주변 시야로 라인을 확인합니다.

6. 자신의 스트로크에 대한 믿음

최고의 퍼팅을 위해 마음을 사용하는 또 다른 중요한 열쇠는 자신의 스트로크를 얼마나 신뢰하느냐입니다. 어떤 선수들은 다른 선수들보다 자신의 스트로크를 더 잘 믿을 수 있습니다. 자신의 스트로크를 믿는다는 것은 퍼팅을 할 때 역학적인 요소에 의존하지 않고 자동적으로 나오는 스트로크를 하는 것입니다. 신뢰할 수 있는 스트로크를 몸에 익히기 위해 연습해야 합니다. 단, 골프를 칠 때는 스트로크 연습을 하는 것이 아니고 지금부터는 창의력을 발휘해 공을 쳐야 할 때입니다. 눈을 감고도 볼을 안정적으로 칠 수 있다면 경기에서도 자신의 스트로크를 신뢰할 수 있습니다. 믿음은 성공적인 퍼팅의 구성 요소들을 하나로 묶어주는 정신적 접착제입니다.

이제 목표에 집중해야 할 때입니다. 최소한 스트로크의 템포나 견고한 촉감에만 집중해야 합니다. 공을 홀에 넣는 방법에 얽매이지 마세요. 라인을 보고, 볼에 집중하고, 목표 지점까지 볼을 보내는 데 집중하세요. 볼이 홀에 빨려 들어가는 느낌에 집중하세요.

결론; 모든 과정을 모니터링하라!

　이제 우리는 완벽한 퍼팅을 위한 열쇠를 얻었습니다. 당신의 내면, 즉 멘탈을 강하게 단련하려면 지속적인 노력이 필요합니다. 아직 미흡하다는 생각이 든다면 하룻밤 사이에 완벽해지길 기대하지 마세요. 긍정적인 마음가짐을 심어줄 수 있는 사람은 자기 자신밖에 없습니다. 퍼팅이 잘될 때는 흐름을 따라가야 하지만, 난관에 부딪혔을 때는 정신적으로 헤쳐 나갈 방법을 알아두어야 합니다. 자신의 철학을 고수하고, 첫 번째 시도에서 성공하지 못했다고 해서 성급하게 포기하지 마세요.

　훈련은 스스로 하는 프로젝트입니다. 이제 훌륭한 퍼팅에 대해 배운 것을 어떻게 실전에 적용하느냐는 여러분의 손에 달려 있습니다. 이 책은 여러분이 시작하는 데 도움을 줄 수 있지만, 마무리 하는 것은 여러분에게 달려 있습니다. 배운 내용들을 적용하여 자신에게 맞는 퍼팅을 만들어보세요. 진행 상황을 모니터링하는 데 도움이 되도록 부록에 '경기 후 멘탈 체크리스트'를 마련했습니다. 설문지를 복사하거나 노트에 직접 작성해보세요. 각 라운드가 끝난 후 질문에 답하고 자신의 진행 상황을 점검해보세요. 최선을 다해 퍼팅하는 것을 잊지 마세요!

참고문헌

Brown, H.J. (1991). Life's Little Instruction Book. Rutledge Hill Press: Nashville, TN.
Cohn, PJ., & Winters, R. (1995). The Psychology of Putting: Perspective from Tour Pros.
Peak Performance Sports: Naples, FL.
Graham, D. (1990). Mental Toughness Training for Golf. Steven Green-Pellham Books:
New York, NY.
Green, H. (1994). Think 1-2 on Every Shot. In Swing Thoughts (Don Wade, Ed.). Con-
temporary Books: Chicago, IL.
Hanson, 'T. (1992). The Mental Aspects of Hitting. Unpublished Doctoral Dissertation,
University of Virginia: Charlottesville, VA.
Hemery, D. (1986). Sporting Excellence: A Study of Sport's Highest Achievers. Human Kinet-
ics: Champaign, IL.
Hogan, B. (1957). Five lessons: The modern fundamentals of golf. Simon & Schuster: New

York, NY.

John-Roger, & McWilliams, P. (1989). You Can't Afford the Luxury of a Negative Thought.

Prelude Press: Los Angeles, CA.

Kite, T. & Dennis, L. (1990). How to Play Consistent Golf. Golf Digest / Tennis Inc.:

Trumbull, CT.

Lopez, N., & Wade, D. (1987). Nancy Lopez's The Compete Golfer. Contemporary Books:

Chicago, IL.

Nicklaus, J. & Bowden, K. (1974). Golf My Way. Simon & Schuster: New York, NY.

Norman, G., & Peper, G. (1988). Shark Attack! Greg Norman's Guide to Aggressive Golf.

Simon & Schuster: New York, NY.

Palmer, A. & Dovereiner, P. (1986). Arnold Palmer's Complete Book of Putting. (p.24).

Atheneum: New York. NY.

Pelz, D. (1989). Putt Like the Pros. Harper & Row: New York, NY.

Peper, G. (1988, December). Profile: Gary Player Outspoken! Golf Magazine (p. 26).

Times-Mirror Magazines: New York, NY.

Rotella, R. (Speaker). (1986). Putting Out of Your Mind. (Cassette Recording). Golf

Digest/Tennis Inc. New York Times Company: New York.

Strange, C. (1990). Win and Win Again. Contemporary Books: Chicago, IL..

Winters, R., & Cohn, PJ. (1995). Collegiate Golf Coaches Philosophy and Psychology of Putting: A Case Study Approach. Peak Performance Sports: Naples, FL.

옮긴이의 말

골프와의 인연은 1990년대 초, 지방에서 서울 본사로 전입을 오면서 시작되었다.

그때까지만 해도 시내 도로가 확충되기 전이라서 출퇴근 시간이면 안양에서 서울 본사까지 1시간 반이 넘게 걸렸다. 하지만 새벽 골프 레슨을 시작하면서 출근 시간을 6시로 당겼더니 30분 만에 회사 근처의 연습장에 도착할 수 있다. 오성식 씨가 진행하던 KBS 라디오 〈굿모닝 팝스〉를 들으면서 연습장에 도착, 연습과 샤워를 마치고 출근하면 사무실에 제일 먼저 도착하곤 했다.

그렇게 1년 3개월 동안 논현동에 있던 NGF라는 연습장에서 골프를 배웠다. 매일 일대일 레슨 프로들의 코칭을 받고, 일주일에 1회 비디오 체크를 하면서 지금도 접하기 어려운 DVD 시스템과 비디오 카메라, 그리고 체중 이동을 체크하는 로드센서 등을 갖춘

첨단시스템으로 마음껏 골프를 배우고 즐길 수 있었다. 지금은 남녀노소 누구나 즐길 수 있는 스포츠가 되었지만, 그 당시엔 돈 있는 사람이나 하는 사치성 운동으로 치부되던 시절이었음에도 골프를 만나고 배우고 즐길 수 있던 나는 여러 가지로 행운아였다. 1993년에는 회사에서 미국으로 1년간 해외 연수를 가게 되어 마음껏(?) 골프를 칠 수 있었고, 골프와의 인연은 그렇게 계속해서 이어졌다. 그러던 중 1998년 미국 US여자오픈에서 박세리 선수가 우승을 하면서 나는 골프 유학에 대한 막연한 꿈을 키워가고 있었다. 그러나 그 꿈은 IMF 경제 위기가 닥치면서 금세 물거품이 되고 말았다.

나는 헛헛한 마음을 달래기 위해 여행을 결심했다. 너무나 가고 싶었던 골프학교 구경도 할 겸 홀로 미국 샌디에이고행 비행기를 탔다. 현지에서 마음껏 골프도 치고, 남몰래 꿈꾸던 골프학교에도 가보고, 샌디에이고 이곳저곳을 다니면서 서점에 들러 골프 관련 서적을 20권 이상 샀던 것으로 기억한다. 그때 구입했던 책들 중에 한 권이 바로 이 책의 원서인 《The Mental Art of Putting》이다. 한국어판은 구할 수 없었기에, 일부 필요한 부분들만 번역해 실제 연습과 시합에 적용해본 적도 있지만 세월이 흐르면서 서서히 잊혀 책장 어느 곳엔가 묻혀 있었다.

골프를 개인 게임으로 즐기기도 하지만, 지인들과 팀을 꾸려 경기를 함께 하다 보면 그 또한 무시할 수 없는 골프의 묘미가 있었다. 그런데 언제부턴가 퍼팅이 애를 먹이기 시작하면서 팀으로 같이 치는 게임이 싫어지기도 했거니와 나의 골프에 대한 애착은 점점 흐려지고 있었다.

그러던 어느 날 오래된 책들을 정리하다가 《The Mental Art of Putting》, 이 책이 눈에 들어왔다. 나는 퍼팅에 다시 관심을 갖게 되었다.

이 책의 시작과 끝은 자신에 대한 믿음에 있다. 자신을 알고 자신을 믿고 확신을 가질 수 있는 멘탈을 기르는 것이다. 우리가 1m 퍼팅을 앞에 두고 '이 퍼팅이 들어갈까?'라고 생각하는 순간 이 퍼팅은 들어갈 수 없는 공이라는 것을 알 수 있다. 충분한 연습과 훈련이 뒷받침되고, 자신의 확신을 믿고, 자신 있게 공을 굴리면 그것이야말로 완벽한 퍼팅인 것을.

정년퇴직 후에 남는 시간을 활용할 방법을 찾다가 지인의 권유로 그동안 책장에 묵혀 두었던 이 책을 번역해보자는 생각을 하면서 이 책이 세상의 빛을 보게 된 것이다.

이 책을 통해 독자들도 골프와 인생에 멋진 전환점을 맞이하길 바라는 마음이다.

옮긴이 **이정도**

충남고등학교 졸업
한양대학교 기계과 졸업
생활스포츠지도사 2급(골프) 취득(2022년)

저자 소개

● **패트릭 J. 콘** Patrick J. Cohn, Ph.D.

패트릭 J. 콘 박사는 스포츠 심리 교육기업인 '피크 퍼포먼스 스포츠Peak Performance Sports, LLC.'를 이끌며, 스포츠 및 골프 심리학자이자 작가, 전문 연설가이다. 콘 박사는 PGA 투어, LPGA 투어, 바이닷컴 투어, 골든 베어 투어의 골퍼들과 여러 대학 및 아마추어 선수들을 가르쳐왔다. 1991년 버지니아 대학교에서 스포츠 심리학 박사 학위를 취득했다. 스포츠 심리학 전문가들은 그를 프리샷 루틴과 퍼팅 심리학 분야의 최고 권위자로 칭한다. 콘 박사의 멘탈 게임 프로그램은, 10년 이상 세계 정상급 골퍼들과 함께 일하고 연구한 결과를 바탕으로 개발된 교육프로그램이다. 《골프에서의 멘탈 게임: 픽 퍼포먼스 가이드 북》, 《픽 퍼포먼스 골프》, 《좋은 골퍼에서 위대한 골퍼로》, 《스코어를 줄이는 방법》, 《스코어 장벽을 깨는 방법》 등을 집필했다. 오디오 북으로는 〈승리를 위한 생각: 골프 코스에서 마음을 관리하는 방법〉, 〈원 퍼트 마인드셋을 위한 가이드〉, 〈그레이트 퍼팅-지금 당장! 자신감 있는 퍼팅을 위한 정신적 열쇠〉 등이 있다. 그는 골프클럽, 골프학교, 운동 트레이너, 의료 전문가, 비즈니스맨 및 단체를 대상으로 스포츠 심리학 세미나를 제공한다. 최근에는 스포츠 코치들에게 멘탈 코칭을 교육하고 있기도 하다.

미국 PGA는 그의 교육 세미나를 교육 학점으로 인정하고 있다. 그는 골프 채널 출연은 물론, 〈골프웹닷컴〉, 〈골프 매거진〉, 〈PGA 매거진〉, 〈골프위크〉의 칼럼니스트로도 활동 중이며 팟캐스트, 유튜브, 인스타그램에서도 활발히 활동하고 있다.

● **로버트 K. 윈터스** Robert K. Winters, Ph.D.

로버트 K. 윈터스 박사는 플로리다주 올랜도 출신의 스포츠 심리학자로 활동하고 있다. 버지니아 대학교에서 스포츠 심리학 박사 학위를 취득하였고, 볼 주립대학교에서 이학사 및 석사 학위를 받았으며, 대학 골프팀에서 선수로 활약했다. 그는 1970년대 후반 투어 골프 프로로 활동했으며 PGA 퀄리파잉 스쿨에 참가하기도 했다.

그는 전미 골프 코치 교육자 협회의 자문위원이다. 또한 코치 교육자 협회의 자문위원이며, 미국 골프 재단 골프 교육자 협회, 미국 상담 협회 및 여러 국가 스포츠 심리학 및 체육 단체의 회원이다.

윈터스 박사는 PGA, 시니어 PGA, LPGA, Buy.com 골프 투어에서 투어 프로들의 컨설턴트이자, 모든 레벨의 운동선수 및 다수의 대학 골프팀과 함께 일하고 있다. 자신감과 동기 부여, 퍼팅 자신감과 스포츠 비전 분야의 선도적인 연구자이다. 올랜도 챔피언스 게이트에 있는 데이비드 리드베터 골프 아카데미의 상주 스포츠 심리학자이며 플로리다주 올랜도에 위치한 '마인드 파워 스포츠Mind Power Sports'의 대표이다.

오디오 북으로는 〈지금 바로 퍼팅하기〉와 〈여성을 위한 골프 자신감〉, 〈주니어를 위한 골프 자신감〉의 공동 저자이며 〈골프 인터내셔널 매거진〉, 〈미시간 골퍼 매거진〉에 기고해왔다. 그는 플로리다주 보카 레이턴 리조트 앤 클럽의 '나이키 골프 학교'와 매사추세츠주 윌리엄스 칼리지의 '나이키 골프 학교'의 디렉터이기도 하다. (mindpowersports@aol.com)

멘탈 퍼링

1판 1쇄 발행 2024년 3월 15일

지은이 패트릭 콘, 로버트 윈터스
옮긴이 이정도
발행인 김성룡

기획 및 진행 INSANE CREATIVE
삽화 김완진
본문 디자인 허선희

펴낸곳 가연
주소 서울시 마포구 월드컵북로 4길 77, 3층(동교동 ANT빌딩)
도서 문의 및 출간 제안 2001nov@naver.com
전화 02-858-2217 **팩스** 02-858-2219
출판신고 제2014-000017호

ISBN 978-89-6897-128-0 (13690)

※ 이 책은 도서출판 가연이 저작권자와의 계약에 따라 발행한 것이므로
본사의 서면 허락 없이는 어떠한 형태나 수단으로도 이 책의 내용을 이용할 수 없습니다.
※ 잘못된 책은 구입하신 서점에서 교환해 드립니다.
※ 책 정가는 뒤표지에 있습니다.

The Mental Art of
PUTTING

부록

 경기 후 멘탈 체크리스트

경기 명칭:　　　　　골프장:　　　　　대회 일자:

1. 이번 라운드의 퍼팅 자신감에 대해 이야기해보자. 어떻게 자신감을 향상하거나 유지했는가? 무엇이 자신감을 떨어뜨렸는가?

2. 오늘 퍼팅에 임하는 당신의 태도는 어땠나? 부정적인 생각과 부정적인 혼잣말에 어떻게 대처했는가?

3. 모든 퍼팅에 완전히 집중하기 위해 무엇을 했나? 다음 라운드를 위해 어떻게 집중력을 높일 것인가?

4. 퍼팅을 위한 루틴을 얼마나 자주(몇 퍼센트) 수행했나? 루틴이 언제 무너졌고 어떻게 무너졌는가?

5. 그린을 얼마나 잘 읽었는가? 퍼팅라인이 보이지 않을 때 어떻게 했는가?

6. 오늘 당신의 확신은 얼마나 강했나? 스트로크가 기계적으로 변한 적이 있었나? 그랬다면 언제였나?

7. 다음 라운드나 대회에 도움이 될 만한 무엇을 배웠나?

8. 퍼팅 평가:

    (좋지 않음) 1   2   3   4   5   6   7   8   9   10 (좋음)

9. 퍼팅에 대해 또 어떤 점에 주목하고 싶은가?

경기 후 멘탈 체크리스트

경기 명칭: 골프장: 대회 일자:

1. 이번 라운드의 퍼팅 자신감에 대해 이야기해보자. 어떻게 자신감을 향상하거나 유지했는가? 무엇이 자신감을 떨어뜨렸는가?

2. 오늘 퍼팅에 임하는 당신의 태도는 어땠나? 부정적인 생각과 부정적인 혼잣말에 어떻게 대처했는가?

3. 모든 퍼팅에 완전히 집중하기 위해 무엇을 했나? 다음 라운드를 위해 어떻게 집중력을 높일 것인가?

4. 퍼팅을 위한 루틴을 얼마나 자주(몇 퍼센트) 수행했나? 루틴이 언제 무너졌고 어떻게 무너졌는가?

5. 그린을 얼마나 잘 읽었는가? 퍼팅라인이 보이지 않을 때 어떻게 했는가?

6. 오늘 당신의 확신은 얼마나 강했나? 스트로크가 기계적으로 변한 적이 있었나? 그랬다면 언제였나?

7. 다음 라운드나 대회에 도움이 될 만한 무엇을 배웠나?

8. 퍼팅 평가:

   (좋지 않음) 1 2 3 4 5 6 7 8 9 10 (좋음)

9. 퍼팅에 대해 또 어떤 점에 주목하고 싶은가?

경기 후 멘탈 체크리스트

경기 명칭:　　　　　골프장:　　　　　대회 일자:

1. 이번 라운드의 퍼팅 자신감에 대해 이야기해보자. 어떻게 자신감을 향상하거나 유지했는가? 무엇이 자신감을 떨어뜨렸는가?

2. 오늘 퍼팅에 임하는 당신의 태도는 어땠나? 부정적인 생각과 부정적인 혼잣말에 어떻게 대처했는가?

3. 모든 퍼팅에 완전히 집중하기 위해 무엇을 했나? 다음 라운드를 위해 어떻게 집중력을 높일 것인가?

4. 퍼팅을 위한 루틴을 얼마나 자주(몇 퍼센트) 수행했나? 루틴이 언제 무너졌고 어떻게 무너졌는가?

5. 그린을 얼마나 잘 읽었는가? 퍼팅라인이 보이지 않을 때 어떻게 했는가?

6. 오늘 당신의 확신은 얼마나 강했나? 스트로크가 기계적으로 변한 적이 있었나? 그랬다면 언제였나?

7. 다음 라운드나 대회에 도움이 될 만한 무엇을 배웠나?

8. 퍼팅 평가:

 (좋지 않음) 1 2 3 4 5 6 7 8 9 10 (좋음)

9. 퍼팅에 대해 또 어떤 점에 주목하고 싶은가?

경기 후 멘탈 체크리스트

경기 명칭:　　　　　골프장:　　　　　대회 일자:

1. 이번 라운드의 퍼팅 자신감에 대해 이야기해보자. 어떻게 자신감을 향상하거나 유지했는가? 무엇이 자신감을 떨어뜨렸는가?

2. 오늘 퍼팅에 임하는 당신의 태도는 어땠나? 부정적인 생각과 부정적인 혼잣말에 어떻게 대처했는가?

3. 모든 퍼팅에 완전히 집중하기 위해 무엇을 했나? 다음 라운드를 위해 어떻게 집중력을 높일 것인가?

4. 퍼팅을 위한 루틴을 얼마나 자주(몇 퍼센트) 수행했나? 루틴이 언제 무너졌고 어떻게 무너졌는가?

5. 그린을 얼마나 잘 읽었는가? 퍼팅라인이 보이지 않을 때 어떻게 했는가?

6. 오늘 당신의 확신은 얼마나 강했나? 스트로크가 기계적으로 변한 적이 있었나? 그랬다면 언제였나?

7. 다음 라운드나 대회에 도움이 될 만한 무엇을 배웠나?

8. 퍼팅 평가:

   (좋지 않음) 1 2 3 4 5 6 7 8 9 10 (좋음)

9. 퍼팅에 대해 또 어떤 점에 주목하고 싶은가?

경기 후 멘탈 체크리스트

경기 명칭:　　　　　골프장:　　　　　대회 일자:

1. 이번 라운드의 퍼팅 자신감에 대해 이야기해보자. 어떻게 자신감을 향상하거나 유지했는가? 무엇이 자신감을 떨어뜨렸는가?

2. 오늘 퍼팅에 임하는 당신의 태도는 어땠나? 부정적인 생각과 부정적인 혼잣말에 어떻게 대처했는가?

3. 모든 퍼팅에 완전히 집중하기 위해 무엇을 했나? 다음 라운드를 위해 어떻게 집중력을 높일 것인가?

4. 퍼팅을 위한 루틴을 얼마나 자주(몇 퍼센트) 수행했나? 루틴이 언제 무너졌고 어떻게 무너졌는가?

5. 그린을 얼마나 잘 읽었는가? 퍼팅라인이 보이지 않을 때 어떻게 했는가?

6. 오늘 당신의 확신은 얼마나 강했나? 스트로크가 기계적으로 변한 적이 있었나? 그랬다면 언제였나?

7. 다음 라운드나 대회에 도움이 될 만한 무엇을 배웠나?

8. 퍼팅 평가:

  (좋지 않음) 1 2 3 4 5 6 7 8 9 10 (좋음)

9. 퍼팅에 대해 또 어떤 점에 주목하고 싶은가?

경기 후 멘탈 체크리스트

경기 명칭:　　　　　골프장:　　　　　대회 일자:

1. 이번 라운드의 퍼팅 자신감에 대해 이야기해보자. 어떻게 자신감을 향상하거나 유지했는가? 무엇이 자신감을 떨어뜨렸는가?

2. 오늘 퍼팅에 임하는 당신의 태도는 어땠나? 부정적인 생각과 부정적인 혼잣말에 어떻게 대처했는가?

3. 모든 퍼팅에 완전히 집중하기 위해 무엇을 했나? 다음 라운드를 위해 어떻게 집중력을 높일 것인가?

4. 퍼팅을 위한 루틴을 얼마나 자주(몇 퍼센트) 수행했나? 루틴이 언제 무너졌고 어떻게 무너졌는가?

5. 그린을 얼마나 잘 읽었는가? 퍼팅라인이 보이지 않을 때 어떻게 했는가?

6. 오늘 당신의 확신은 얼마나 강했나? 스트로크가 기계적으로 변한 적이 있었나? 그랬다면 언제였나?

7. 다음 라운드나 대회에 도움이 될 만한 무엇을 배웠나?

8. 퍼팅 평가:

　(좋지 않음) 1　2　3　4　5　6　7　8　9　10 (좋음)

9. 퍼팅에 대해 또 어떤 점에 주목하고 싶은가?